# この本の使い方

## step 1

### 伝えたい言葉を指さします

話し相手に見せながら、言葉を指さすだけで通じます。大きな声で発音してみましょう。相手も、興味を持って対応してくれますよ！

## step 2

### 言葉を組み合わせて文章を作ります

たとえば「～はどこですか？」と「駅」を指せば、駅までの行き方が聞けます。わかりやすいように、ゆっくり指すのがコツです。

## step 3

### 相手にも指さしてもらいましょう

Please point at the word / phrase and answer like me.
（訳：私と同じように、言葉を指して答えてくださいね）

# まずはこれだけ！英語・超基本フレーズ 20

買い物、食事、観光など、いろんな場面で役立つ言葉を厳選！

## あいさつ・呼びかけの言葉

こんにちは
**Hello.**
ヘロゥー

すみません
**Excuse me.**
エクスキューズ　ミー

はじめまして、お会いできてうれしいです
**Nice to meet you. I'm glad to see you.**
ナイス　トゥー　ミー　チュー、アイム　グラットゥー　スィー　ユー

ありがとう
**Thank you.**
サンキュー

どういたしまして
**You're welcome.**
ユァ　ウェルカム

さようなら
**Goodbye.**
グッバーイ

ごめんなさい
**(I'm) Sorry.**
（アイム）　ソーリー

はい
**Yes**
イェス

いいえ
**No**
ノー

## お願いする言葉

### ～をください
**Can I get ～?**
キャナァイ　ゲッ～

### この本を見てください
**Please look at this book.**
プリーズ　ルックァッディス　ブック

### 写真を撮ってもらえますか？
**Will you take a picture?**
ウィリュー　テイカ　ピクチャー

## 場所・行き方を尋ねる言葉

### ～はどこですか？
**Where is ～?**
ウェアー　イズ～

### ～に行きたいです
**I want to go to ～.**
アイ　ウァントゥ　ゴートゥ～

| 駅 | タクシー乗り場 | トイレ |
|---|---|---|
| **station** | **taxi stand** | **rest room** |
| ステイション | タクシー　スタァンッ | レスト　ルーム |

| コンビニ | 入り口 | 出口 |
|---|---|---|
| **convenience store** | **entrance** | **exit** |
| コンヴィーニエンス　ストァ | エントゥランス | エグジッ |

楽しい旅のスタートは、ここから！

# お役立ち<お金>フレーズ

いくらですか？
**How much is it?**
ハウ　マッチ　イズ　イッ

これをください
**I will take this.**
アイ　ウィル　テイク　ディス

| | | |
|---|---|---|
| 0 zero ゼィロ | 1 one ワン | 2 two トゥー |
| 3 three スリー | 4 four フォー | 5 five ファイヴ |
| 6 six シックス | 7 seven セヴン | 8 eight エイト |
| 9 nine ナイン | 10 ten テン | 20 twenty トゥエンティ |

値段を書いてください
**Please write down the price.**
プリーズ　ライト　ダウン　ザ　プライス

1ドル紙幣を入れてください（両替のとき）
**Please include one-dollar bills.**
プリーズ　インクルゥ　ワンダラァビルズ

お釣りが違います
**You gave me the wrong change.**
ユー　ゲイブミーザ　ゥロング　チェンジ

日本円は使えますか？
**Do you take Japanese yen?**
ドゥユテイク　ジャパニーズ　イェン

クレジットカードは使えますか？
**Can I pay by credit card?**
キャナァイ　ペイバイ　クレディッ　カード

サイン
**signature**
シグニチャー

高い
**expensive**
エクスペンシブ

安い
**cheap**
チープ

暗証番号
**pin code**
ピンコード

## 値段は、指さしてもらえばOK！

※日本円でいくらになるか、書き入れておくと便利です。

### 1セント

**penny**
ペニー

約　　円

### 5セント

**nickel**
ニッケル

約　　円

### 10セント

**dime**
ダイム

約　　円

### 25セント

**quarter**
クォーター

約　　円

### 1ドル

**one-dollar bill**
ワン　ダラー　ビル

約　　円

### 5ドル

**5-dollar bill**
ファイブ　ダラー　ビル

約　　円

### 10ドル

**10-dollar bill**
テン　ダラー　ビル

約　　円

### 20ドル

**20-dollar bill**
トゥエンティー　ダラー　ビル

約　　円

### 50ドル

**50-dollar bill**
フィフティー　ダラー　ビル

約　　円

### 100ドル

**100-dollar bill**
ハンドレッ　ダラー　ビル

約　　円

<現地通貨→日本円　換算表>

| | | | |
|---|---|---|---|
| | ➡約　　円 | | ➡約　　円 |
| | ➡約　　円 | | ➡約　　円 |
| | ➡約　　円 | | ➡約　　円 |
| | ➡約　　円 | | ➡約　　円 |

# もくじ

# 空港・ホテル

## 入国する時は、発音練習の絶好のチャンス

こんにちは
**Hello.**
ヘロゥー

日本からの旅行者として訪れる読者の皆さんが、入国の際にあれこれと質問されることはまずないでしょう。無言でも何事もなく入国できます。でも、ここは笑顔で「こんにちは」の練習といきましょう。また、お店に入るときなど、一言あいさつをするだけで、ぐっと雰囲気がよくなりますよ。

## 快適なホテル滞在で、疲れ知らずの旅行を

**～の調子が悪い**
**～ isn't working.**
～　イズン　ワーキン

限られた旅行期間だからこそ、しっかり疲れをとってアクティブに行動したいもの。たとえば、テレビの映りやシャワーの調子など、ちょっとした設備の不調も気軽にホテルの人に伝えましょう。14ページには、さまざまなホテルの設備をまとめてあります。

## チェックアウト後も身軽に行動したい

**この荷物を預かってもらえますか？**
**Can I leave this for a while?**
キャナァィ　リィブディス　フォゥアワイル

旅行の最終日、チェックアウトはしたけれど空港に行くまでには少し時間がある…こんな時は、大きな荷物をホテルに預かってもらって外に出かけましょう。ただし、貴重品を入れっぱなしで預けないように注意!!　13ページには荷物の引き取りの言葉があります。

# 空港

入国の目的は？
What's the purpose of your visit?
ホワッツザ　パーポス　オブユア　ビジッ

観光です
Sightseeing.
サイッシーイング

## まずは空港の中で

～はどこですか？
Where is ～?
ウェアー　イズ　～

入国審査
immigration
イミグレーション

乗り継ぎカウンター
transfer counter
トランスファー　カウンタ

搭乗ゲート
gate
ゲイト

荷物受け取り所
baggage claim
バッゲージ　クレーム

両替所
foreing exchange counter
フォーリン　エクスチェンジ　カウンタ

免税店
duty free shop
デューティーフリー　ショップ

公衆電話
pay phone
ペイ　フォン

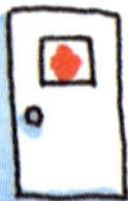

トイレ
rest room
レスト　ルーム

案内所
information center
インフォメイション　センター

喫煙所
smoking area
スモゥキン　エリア

禁煙
no smoking
ノゥ　スモゥキン

## トラブル

～をなくしました
I lost ～
アイ　ロスト　～

手荷物引き換え証
claim check
クレイム　チェック

航空券
ticket
ティケッ

パスポート
passport
パスポート

荷物がでてきません
My suitcases aren't here yet.
マイ　スーツケースィズ　アーント　ヒア　イェッ

荷物は～個です
I had ～ bags.
アイ　ハド　～　バッグズ

## 街に向かう

～はどこで乗れますか？
Where can I catch a～?
ウェァ　キャナァイ　キャッチァ～

この住所（ホテル）へお願いします
This address(hotel), please.
ディス　アドレス（ホテル）　プリィズ

タクシー
taxi
タクスィ

リムジンバス
limousine
リムズィン

電車
train
トレイン

現地ガイドの出迎え
pick-up from the tour company
ピッカッ　フロム　ザ　トゥアー　カンパニー

いくらですか？
How much?
ハウ　マッチ

～ドル
～ dollars
～　ダラァズ

空港・ホテル
移動
観光
食事
買い物
仲良くなる
トラブル

## ホテル滞在

チェックインお願いします
Can I check in?
キャナァィ　チェッキン

私の名前は〜です
My name is ~.
マイ　ネィムィズ　〜

（日本で）予約しています
I have a reservation.
アイハバ　リザベイション

これが予約書です
I have a voucher.
アイハバ　バウチャァ

日本語スタッフはいますか？
Does anybody speak Japanese?
ダズ　エニバディ　スピィク　ジャパニーズ

貴重品を預かってもらえますか？
Do you have a safe?
ドゥユハバ　セイフ

チェックアウトは何時ですか？
What time is checkout?
ホワッタイムィズ　チェックアゥ

### タクシーを呼んでもらう

タクシーを呼んでください
Can you call a taxi?
キャニュー　コール　ア　タクスィ

〜まで行きたいです
I would like to go to ~.
アイ　ウドゥ　ライク　トゥー　ゴー　トゥー　〜

ここから一番ちかい駅はどこですか？
Which is the nearest station?
フィッチィズザ　ニアレスト　ステイション

## ホテル周辺

### この近くに～はありますか？
**Is there a ～ nearby?**
イズゼァ　～　ニァバイ

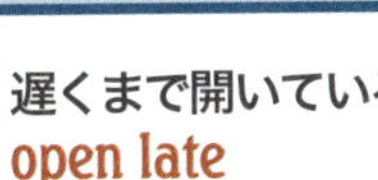

遅くまで開いている
**open late**
オウプン　レイト

コンビニ
**convenience store**
コンヴィーニエンス　ストァ

薬局
**drug store**
ドラグ　ストァ

おすすめの
**recommended**
レコメンディド

銀行
**bank**
バンク

飲食店
**restaurant**
レストラァンッ

## チェックアウト

### チェックアウトお願いします
**Can I check out?**
キャナァィ　チェックアゥ

部屋番号
**room number**
ルーム　ナンバ

インターネット
**Internet**
インタネッ

ミニバー
**mini bar**
ミニバー

ルームサービス
**room service**
ルーム　サービス

使いました
**I've used the ～.**
アイブ　ユーズド　ザ～

使っていません
**I didn't use ～.**
アイ　ディドゥンッ　ユーズ～

この荷物を預かってもらえますか？
**Can I leave this for a while?**
キャナァィ　リィブディス　フォゥアワイル

荷物を引き取りにきました
**I'm picking up my baggage.**
アイム　ピッキンアップマイ　バゲージ

## 部屋・備品

使い方を教えてください
Can you show me how to use the ~?
キャニュー　ショウミー　ハウ　トゥー　ユーズ　ザ　～

～の調子が悪い
~ isn't working.
～　イズン　ワーキン

エアコン
air conditioner
エァコンディショナ

電気
electricity
エレクトリシティ

モーニングコール
wake-up call
ウェイカップ　コール

電話
telephone
テレフォーン

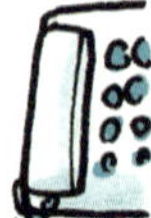

テレビ
TV
ティービー

冷蔵庫
refrigerator
レフリジレイタァ

シャワー
shower
シャワー

部屋の鍵
door lock
ドア　ロック

金庫
safe
セイフ

### トラブル

お湯がでない
I can't get hot water.
アイキャントゥゲッ　ホッウォゥタァ

トイレが流れない
My toilet doesn't flush.
マイ　トイレット　ダズンッ　フラッシュ

汚れている
too dirty
トゥー　ダーティー

寒すぎる
too cold
トゥー　コールド

暑すぎる
too hot
トゥー　ホッ

鍵を部屋に置いてきてしまった
I locked myself out.
アイ　ロックト　マイセルフ　アウッ

## 備品

**～はありますか？**
**Is there a ～ in my room?**
イズ　ゼア　ア　～　イン　マイ　ルーム

| | | |
|---|---|---|
| | | 有料<br>**charge**<br>チャージ |
| ドライヤー<br>**hair dryer**<br>ヘァードライヤー  | アイロン<br>**iron**<br>アイアン | 変圧器<br>**transformer**<br>トランスフォーマー  |
| 歯ブラシ<br>**toothbrush**<br>トゥース　ブラッシ  | シャンプー<br>**shampoo**<br>シャンプゥ 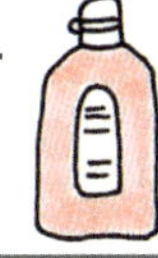 | せっけん<br>**soap**<br>ソープ  |
| 毛布<br>**blanket**<br>ブランケッ  | タオル<br>**towel**<br>タウォル | シーツ<br>**sheets**<br>シーツ 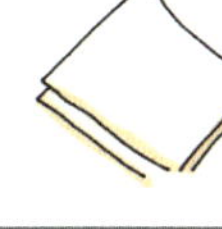 |
| トイレットペーパー<br>**toilet paper**<br>トイレッ　ペイパァ | 薬<br>**medicine**<br>メディスン  | （日本語の）地図<br>**map (in Japanese)**<br>マップ(イン　ジャァパニィズ) |

**部屋をかえていただけますか？**
**Can I change my room?**
キャナァイ　チェンジ　マイ　ルゥム

| | | |
|---|---|---|
|  ツイン<br>**twin**<br>トゥイン |  ダブル<br>**double**<br>ダボー | 静かな部屋<br>**quiet room**<br>クワィエッ　ルゥム |

# 施設・サービス

## 施設

| | | |
|---|---|---|
| ～はどこですか？<br>**Where is ～?**<br>ウェアーイズ～  | １階<br>**first floor**<br>ファースト　フロア | ２階<br>**second floor**<br>セカンド　フロア |

| | | |
|---|---|---|
| レストラン<br>**restaurant**<br>レストラァンッ  | バー<br>**bar**<br>バー  | カフェ<br>**café**<br>カフェ  |
| エステ<br>**aesthetic salon**<br>エステティック サロォン  | プール **swimming pool**<br>スウィミン　ポー  | トイレ<br>**rest room**<br>レスト　ルーム |
| 朝食<br>**breakfast**<br>ブレックファスト  | 売店<br>**store**<br>ストァ  | タクシー乗り場<br>**taxi stand**<br>タクスィ スタァンッ  |

| | |
|---|---|
| 何時からですか？<br>**What time does it open?**<br>ホワッタイム　ダズイッ　オウプン | 何時までですか？<br>**What time does it close?**<br>ホワッタイム　ダズイッ　クロウズ |

## レストラン・エステなどの予約

| | |
|---|---|
| ～時に予約をお願いします<br>**Can I make a reservation at ～?**<br>キャナァィ　メイクァ　リザベイション　アッ　～ | 部屋番号は～です<br>**My room number is ～.**<br>マイ　ルゥム　ナンバァ　イズ　～ |

| | | |
|---|---|---|
| ～名です<br>**A group of ～**<br>ア　グルゥプ　オブ | 今日<br>**today**<br>トゥデイ | 明日<br>**tomorrow**<br>トゥモウロウ |

## サービス

~を利用したいです
I'd like to use ~.
アイド　ライクトゥ　ユーズ

モーニングコール
wake-up call service
ウェイカップ　コール　サービス

ランドリーサービス
laundry service
ラウンドゥリー　サービス

ルームサービス
room service
ルーム　サービス

パソコン
computer
コンピュータ

## ネット

日本語入力はできますか？
Can I type in Japanese?
キャナァィ　タイプィン　ジャァパニィズ

文字化けします
They turn into jibberish.
ゼイ　タァン　イントゥ　ジブリッシュ

プリントアウトをお願いします
Could you print this out?
クジュ　プリンディス　アウッ

## 電話

国際電話をかけたいです
I'd like to make an International phone call.
アイド　ライクトゥ　メイカンインターナショナル　フォンコォル

この番号にかけてもらえますか？
Could you call this number?
クジュ　コール　ディス　ナンバァ

お店の予約をお願いします
Could you make a reservation for me?
クジュ　メイクァ　リザベイション　フォーミィ

タバコはどこで吸えますか？
Where is the smoking area?
ウェアーイズ　ザ　スモゥキン　エリア

## 乗り物を上手く使って、気軽に出かけよう

～に行きたい
**I want to go to～.**
アイ　ワントゥー　ゴー　トゥー

地下鉄や電車、バスなど公共交通機関が整備されている街では、乗り物に乗りさえすれば、いろんな場所に気軽に行くことができます。この「～に行きたい」に駅名や地名を合わせれば簡単に通じます。

## 一人歩きが不安ならまずはタクシーで

**タクシーを呼んでください**
**Will you call a taxi?**
ウィリュー　コールァ　タクスィ

初めて街に出かけるのは誰でも不安なもの。そんな時はホテルでタクシーを呼んでもらい、行き先を運転手さんに伝えてもらうと安心です。タクシーでよく使う表現は、22-23ページにまとめています。

## 行き先を伝えるのも簡単です

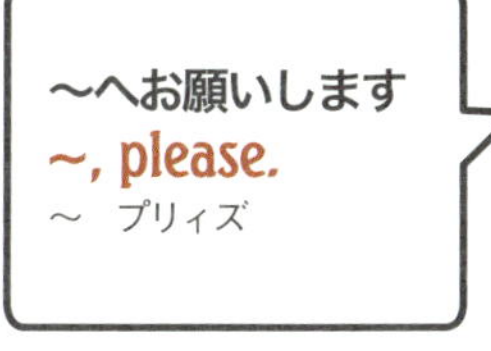

目的地とこの「~へお願いします」を合わせれば簡単に行き先を伝えられます。地名の発音が難しい場合は、ガイドブックや地図の表記、住所を指さすだけでも大丈夫。また、滞在しているホテルの名刺をもらっておくと、ホテルにタクシーで帰る時などに便利です。

# 歩く

すみません
Excuse me.
エクスキューズ　ミー

～はどこですか？
Where is ～?
ウェアー　イズ　～

| | | |
|---|---|---|
| レストラン<br>restaurant<br>レストランッ | カフェ<br>café<br>カフェ | スーパー<br>super market<br>スーパァマーケッ |
| コンビニ<br>convenience store<br>コンヴィーニエンス ストァ | 本屋　book store<br>ブック　ストァ | 銀行　bank<br>バンク |
| 博物館<br>museum<br>ミュゥズィアム | 観光案内所<br>tourist information<br>トゥリスト　インフォメイション | 病院<br>hospital<br>ホスピタァル |
| 薬局<br>pharmacy<br>ファーマシィ | トイレ<br>rest room<br>レスト　ルーム | ～ホテル<br>～ hotel<br>～ホテェル |
| 駅<br>station<br>ステイション | バス停<br>bus stop<br>バスストッ | タクシー乗り場<br>taxi stand<br>タクスィ　スタァンッ |

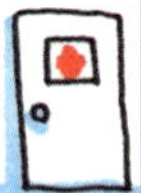

～へ行きたいです
I want to go to ～.
アイ　ワントゥー　ゴー　トゥー

道に迷いました
I'm lost.
アイム　ロスト

どこへ行きたいのですか？
Where do you want to go?
ウェア　ドゥユ　ワントゥー　ゴー　トゥー

## 現在地を確認する

ここはどこですか？
Where am I?
ウェアー　アム　アイ

これを見てください
Please take a look at this.
プリィズ　テイカ　ルッカッ ディス

一番近くの〜はどこですか？
Where is the closest ~?
ウェアー　イズ　ザ　クローセスッ〜

この地図に書いてください
Write it down on this map.
ライティッダウン　オン　ディス　マップ

近い
near
ニア

遠い
far
ファー

歩いて〜分くらい
~ minutes on foot
〜ミニッツ　オン　フッ

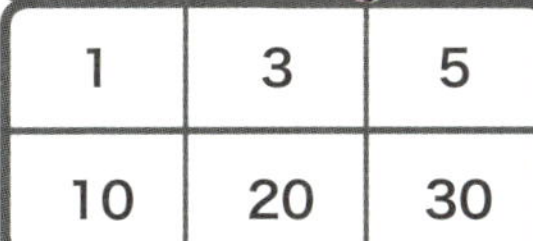

| 1 | 3 | 5 |
|---|---|---|
| 10 | 20 | 30 |

タクシーで行ったほうがいい
It's better if you go by taxi.
イッツ　ベター
イフ　ユー　ゴー　バイ　タクスィ

## 道順を聞く

まっすぐ行く
go straight
ゴー　ストレイト

戻る
back / go back
バック／ゴー　バック

左折
turn left
ターン　レフッ

右折
turn right
ターン　ライッ

向こう側
the other side
ジアザァ　サイド

こちら側
this side
ディス　サイド

交差点
intersection
インターセクション

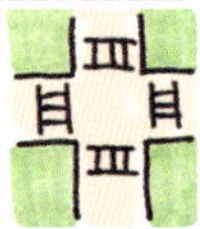

## タクシー

タクシーに乗りたいです
I'd like to take a taxi.
アイドライクトゥ　テイカ　タクスィ

タクシーを呼んでください
Will you call a taxi?
ウィリュー　コールァ　タクスィ

どこでタクシーに乗れますか？
Where can I catch a taxi?
ウェア　キャナァイ　キャッチア　タクスィ

この辺りでは、なかなタクシーはひろえません
It's not easy to catch a taxi in this area.
イッツノット　イーズィトゥ　キャッチア　タクスィ　インディス　エリア

### 行き先を伝える

〜へお願いします
~, please.
〜　プリィズ

ここに行きたいです
(地図を見せながら)
I want to go here.
アイ　ワントゥー　ゴー　ヒアー

この住所までお願いします
Please take me to this address.
プリーズ　テイク　ミー　トゥー　ディス　アドゥレス

### 所要時間

どのくらい時間がかかりますか？
How long does it take?
ハウロング　ダズイッテイク

〜時間くらい
For ~ hours.
フォー　〜　アワァズ

〜分間くらい
For ~ mintues.
フォー　〜　ミニッツ

トランクに荷物をのせてください
Please put my things in the trunk.
プリーズ　プッ　マイ　スィングス　インザ　トランク

いくらですか？
What's the fare?
ホワッ　ザ　フェアー

～ドル
~ dollars.
～　ダラース

～ドルくらい
about ~ dollars.
アバウッ　～　ダラース

ここから～までいくらで行きますか？
How much is it from here to ~?
ハウマッチ　イズイッ　フロムヒアトゥ　～

急いでください
Please hurry.
プリィズ　ハリィ

スピードを出しすぎないでください
Please slow down.
プリーズ　スロウダウン

## 目的地に到着

着きましたよ
Here we are.
ヒアー　ウィー　アー

停めてください
Please stop here.
プリーズ　ストップ　ヒアー

ここでちょっと待っていてください
Please wait here.
プリーズ　ウェイッ　ヒアー

## トラブル＆アクシデント

～には行けません
I cannot go to ~.
アイ　キャノッ　ゴー　トゥー　～

一方通行
one-way
ワン　ウェー

通行止め
dead end
デッデンド

渋滞
traffic jam
トラフィックジャム

料金がメーターと違います
The price is different from the meter.
ザ　プライスイズ　ディファレン　フロムザ　メータァ

追加料金が必要
There is an additional charge.
ゼァリズアン　アディショナル　チャージ

空港・ホテル
移動
観光
食事
買い物
仲良くなる
トラブル

# 電車・地下鉄・バス

| ～に乗りたいです<br>I want to catch a ～.<br>アイ　ワントゥ　キャッチア　～ | 最寄りの駅はどこですか？<br>Where is the closest station?<br>ウェアーイズ　ザ　クロウセスト　ステイション |
|---|---|

| 電車<br>train<br>トレイン  | 地下鉄<br>subway<br>サブウェイ  | バス<br>bus<br>バス  |
|---|---|---|

## 切符を買う

| 切符はどこで買えますか？<br>Where can I buy a ticket?<br>ウェア　キャナァイ　バイア　ティケッ | いくらですか？<br>How much?<br>ハウ　マッチ  |
|---|---|
| ～枚ください<br>～, please.<br>～　プリィズ   | ～行き<br>to ～<br>トゥ　～  |

| 片道<br>one way<br>ワンウェイ  | 往復<br>round trip<br>ラウンド　トリップ | 子ども料金<br>children's fare<br>チルドレンズ　フェア |
|---|---|---|

| 予約したいです<br>I want to make a reservation.<br>アイ　ワントゥメイクア　リザベイション | ○月△日<br>on (month)(date)<br>オン　○　△ | ◇時◎分<br>(hour)(minute)<br>◇　◎ |
|---|---|---|

| 路線図<br>train route map<br>トレイン　ルゥトマップ | 時刻表<br>time table<br>タイムテイボゥ  | 改札<br>ticket gate<br>ティケッ　ゲイト |
|---|---|---|

〜行きの電車に乗りたいです
**I want to catch a train for 〜.**
アイ　ワントゥ　キャッチア　トレイン　フォー　〜

〜行きはこのホームでいいですか？
**Is this the platform for the train to 〜?**
イズディスザ　プラットフォーム　フォーザ　トレイントゥ　〜

この駅で乗り換えですか？
**Do I have to transfer here?**
ドゥアイハフトゥ　トランスファー　ヒア

## 車内で

ここはどこですか？
**Where are we now?**
ウェア　アーウィ　ナウ

〜はまだ着きませんか？
**Are we at 〜 yet?**
アーウィ　アッ　〜　イェット

次の駅は何駅ですか？
**What's the next station?**
ホワッツザ　ネクスト　ステイション

〜に着いたら教えてください
**Please let me know when we arrive at 〜.**
プリィズ　レットミーノウ　ウェンウイ　アライブ　アッ　〜

〜番ホーム
**platform 〜**
プラットフォーム　〜

〜つ目の駅
**〜 more stations**
〜　モァ　ステイションズ

出発
**departure**
デパーチャー

到着
**arrival**
アライバル

遅延
**delay**
ディレイ

〜はもう過ぎました
**We're past 〜.**
ウィアー　パスト　〜

空港・ホテル
移動
観光
食事
買い物
仲良くなる
トラブル

# 観光

## 発音なんて気にせず、道を尋ねてみよう

すみません
**Excuse me.**
エクスキューズ　ミー

場所を尋ねたい、頼みたい、店員さんを呼び止めたい…、さまざまな場面で使える便利な言葉です。たった一言、話しかけることができれば、あとはなんとかなります。発音がメチャクチャであってもかまいません。"外国人が困っている"とさえ伝わればよいのです。小さな親切に触れるチャンスと開き直って、恥ずかしがらずに話しかけてみて。

## 最大のピンチを切り抜けるために

トイレはどこですか？
**Where's the rest room?**
ウェアー　イズ　ザ　レスト　ルーム

旅先でトイレが見つからない時ほど心細いものはありません。こんな時は大きなホテルやデパート、飲食店に駆け込むしかありません。こうしてたどり着いたトイレが汚かったら……めげそうなところですが、そういうトイレを一度使うと、不思議なもので行動の幅が一気に広がります。度胸がつくのでしょう。ホントです。

## 気になったら、一声かけてから撮影を

写真を撮ってもいいですか？
**Is it OK**
**to take pictures here?**
イズイッ　オーケイ
トゥテイク　ピクチャーズヒア

博物館や美術館によっては、写真撮影自体が禁止されていたり、フラッシュ撮影が制限されていることがあります。また、お店の店内や人物に断りなくカメラを向けると嫌がられることもあるので、まずはこの言葉で承諾を得てから、気持ちよく写真を撮りたいものです。

# 観光

～へ行きたいです
I'd like to go to ~.
アイドライクトゥ　ゴウトゥ　～

～が見たいです
I want to see ~.
アイ　ワントゥスィー　～

この街の見どころは何ですか？
What should I see in this town?
ホワッシュドゥアイ　スィー　インディスタウン

| | | |
|---|---|---|
| 美術館<br>art museum<br>アート　ミュウズィァム | 教会<br>church<br>チャーチ<br> | 宮殿<br>palace<br>パレス |
| 城<br>castle<br>キャァスル<br> | 庭園<br>garden<br>ガーデン<br> | 遺跡<br>ruins<br>ルーィンズ |
| テーマパーク<br>theme park<br>スィームパーク<br> | 祭り<br>festival<br>フェスティバゥ | 名所<br>famous spot<br>フェイマス　スポッ |

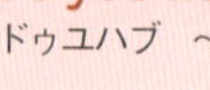

## 観光案内所で

～はありますか？
Do you have ~?
ドゥユハブ　～

| | | |
|---|---|---|
| | 英語<br>English<br>イングリッシュ | 日本語<br>Japanese<br>ジャァパニィズ |
| 無料地図<br>free map<br>フリーマップ<br> | 情報誌<br>information magazine<br>インフォメイション　マガズィン | 路線図<br>route map<br>ルゥトマップ |

## 観光ツアーを申し込む

～のツアーを申し込みたいのですが
I'd like to take ~ tour.
アイドライクトゥ　テイク　～　トゥアー

ツアーのパンフレットを見せてください
Can I see some tour pamphlets?
キャナァイスィーサム　トゥアー　パンフレッ

人気のツアーはどれですか？
Which is popular?
フィッチイズ　ポピュラー

市内観光
downtown tour
ダウンタウン　トゥアー

半日コース
half-day tour
ハーフデイ　トゥアー

１日コース
one-day tour
ワンデイ　トゥアー

ナイトツアー
night tour
ナイッ　トゥアー

予約したいです
I'd like to make a reservation.
アイドライクトゥ　メイクア　リザベイション

～名で
For ~.
フォー　～

日本語のガイド付き
with a Japanese-speaking guide
ウィズァ　ジャパニーズスピーキン　ガイド

英語のガイド
English guide
イングリッシュ　ガイド

集合時間
meeting time
ミーティング　タイム

集合場所
meeting place
ミーティング　プレイス

所要時間は？
How long does it takes?
ハウロング ダズ　イッテイクス

# 博物館・美術館など

すみません
**Excuse me.**
エクスキューズミー

行き方を教えてください
**Please show me how to get there.**
プリーズ　ショウミー　ハウトゥ　ゲッゼァ

ここから遠いですか？
**Is it far from here?**
イズイッ　ファーフロム　ヒア

遠い
**far**
ファー

近い
**near**
ニア

## 窓口で

今日は開いてますか？
**Is it open today?**
イズイッ　オープン　トゥデイ

～時から
**from ～**
フロム　～

～時まで
**to ～**
トゥ　～

チケットはどこで買えますか？
**Where can I buy a ticket?**
ウェア　キャナァイバイア　ティケッ

～をください
**～, please.**
～　プリーズ

大人２枚
**two adults**
トゥ　アダゥツ

子ども１枚
**one child**
ワン　チャイルド

入場料
**admission**
アドミッション

前売り券
**advance-purchase ticket**
アドバンス　パーチェス　ティケッ

学生割引
**student discount**
ステューデン　ディスカウントゥ

## 写真を撮る

写真を撮ってもいいですか？
**Is it OK to take pictures here?**
イズイッ　オーケイ　トゥテイク　ピクチャーズヒア

写真を撮ってください
**Will you take a picture?**
ウィリュー　テイカ　ピクチャー

～はありますか？
**Do you have ~?**
ドゥユハブ　～

有料です
**It costs money.**
イッコス　マニー

館内図
**floor map/directory**
フロア　マップ/ディレクトリ

パンフレット
**pamphlet**
パンフレッ

館内ツアー
**guided tour**
ガイディッドゥ　トゥアー

日本語のオーディオガイド
**Japanese audio guide**
ジャパニーズ　オーディオ　ガイド

～はどこですか？
**Where is a ~?**
ウェアー　イズ　ア　～

インフォメーション
**information**
インフォメイション

お土産屋
**gift shop**
ギフト　ショップ

カフェ
**café**
カフェ

階段
**stairs**
ステァズ

入口
**entrance**
エントランス

出口
**exit**
エグズィッ

トイレ
**rest room**
レスト　ルーム

写真撮影は禁止です
**Photography is prohibited.**
フォトグラフィ　イズ　プロヒビティッド

フラッシュ撮影禁止
**No flash photography.**
ノー　フラッシュ　フォトグラフィ

## エンターテイメント

| ～を観たいです<br>I'd like to see ～.<br>アイドライクトゥ　スィ～ | ～のチケットはありますか？<br>Do you have a ticket for ～?<br>ドゥユハバ　ティケッフォー　～ |
|---|---|

| | | |
|---|---|---|
| オペラ<br>opera<br>オウペラァ | ミュージカル<br>musical<br>ミューズィカル | バレエ<br>ballet<br>バレェ |
| 芝居<br>play<br>プレイ | コンサート<br>concert<br>コンサート | 映画<br>movie<br>ムービィ |

今日のプログラムは何ですか？
What's on the program today?
ホワッツオンザ　プログラム　トゥデイ

いま人気のあるプログラムは何ですか？
What's the popular program?
ホワッツザ　ポピュラー　プログラム

### 予約をする

| 席を予約したいです<br>I'd like to make a reservation.<br>アイドライクトゥ　メイクア　リザベイション | 当日券<br>same-day ticket<br>セイムデイ　ティケッ | |
|---|---|---|
| 指定席<br>a reserved seat<br>ア　リザーブド　スィート | 自由席<br>an unreserved seat<br>アナンリザーブド　スィート | 立ち見席<br>the gallery<br>ザ　ギャラリィ |

| ～の試合を見たいのですが<br>I'd like to see ~ game.<br>アイドライクトゥ　スィー　～　ゲイム | 今日<br>today<br>トゥデイ | 明日<br>tomorrow<br>トゥモウロウ |
|---|---|---|
| 野球<br>baseball<br>ベイスボール  | サッカー<br>football/<br>soccer<br>フッボール/サカァ  | バスケットボール<br>basketball<br>バスケッボール  |
| テニス<br>tennis<br>テニス  | ボクシング<br>boxing<br>ボクスィン  | ラグビー<br>rugby<br>ラグビィ |

何時に始まりますか？
What time does it start?
ホワッタイム　ダズイッスタート

何時に終わりますか？
What time does it end?
ホワッタイム　ダズイッエン

| この席に案内してください<br>Please show me<br>where this seat is.<br>プリーズショウミー　ウェアディス　スィートイズ  | キャンセル<br>cancellation<br>キャンセレイション |
|---|---|
| 予約番号は～です<br>My reservation number is ~.<br>マイ　リザベイションナンバーイズ　～ | キャンセル待ち<br>on the cancellation list<br>オンザ　キャンセレイション　リスト |

| 一番安いチケットはいくらですか？<br>What's the cheapest ticket?<br>ホワッツザ　チーペストティケッ | 一番高いチケットはいくらですか？<br>What's the most expensive ticket?<br>ホワッツザ　モウスト　エクスペンスィブ　ティケッ |
|---|---|

# エステ・マッサージ

**スパの予約をしたいです**
**I'd like to make a reservation.**
アイドライクトゥ　メイクァ　リザベイション

| 今日 | 明日 | ～時頃 |
|---|---|---|
| today | tomorrow | about ～ o' clock |
| トゥデイ | トゥモロー | アバウッ　～　オー　クロック |

| 予約でいっぱいです | 次に空いているのは～時です |
|---|---|
| We're full now. | The next available time is ～ . |
| ウィア　フゥ　ナウ | ズィ　ネクスト　アヴェーラボー　タイム　イズ　～ |

## メニューを選ぶ

**～をお願いします**
**I'd like to have ～ .**
アイドライクトゥ　ハブ　～

**コースメニューを見せてください**
**What options do you have?**
ホワッオプション　ドゥユ　ハブ

| フェイシャルマッサージ<br>facial massage<br>フェーシャル　マサージ | 全身マッサージ<br>body massage<br>ボディ　マサージ |
|---|---|
| アロママッサージ<br>aroma therapy<br>アロォマ　セラピー | タラソテラピー<br>thalassotherapy<br>タラッソセラピー |
| フットマッサージ<br>foot massage<br>フッ　マサージ | 指圧マッサージ<br>shiatsu massage<br>シアツ　マサージ |

時間はどのくらいかかりますか？
**How long does it take?**
ハウロング　ダズイッ　テイク

| ○時間コース<br>**○ -hour massage**<br>○アワァ　マサージ | △分コース<br>**△ -minute massage**<br>△ミニッ　マサージ |
|---|---|

ホテル〜サロンの無料送迎付きですか？
**Is there free transportation?**
イズゼァ　フリー　トランスポテイション

## 受付で

予約をしている〜です
**I have a reservation. My name is ~.**
アイハバ　リザベイション　マイネイムイズ　〜

とても気持ち良いです
**That feels good.**
ザッフィールズ　グゥッ

もっと強くやってください
**Please do it harder.**
プリーズ　ドゥーイッ　ハーダー

くすぐったい
**That tickles!**
ザッ　ティクゥズ

弱くやってください
**Please do it softer.**
プリーズ　ドゥーイッ　ソフター

〜でも大丈夫ですか？
**Is it all right even if I have ~?**
イジッ　オーライ　イーブン　イフ　アイ　ハブ　〜

| 生理中<br>**my period**<br>マイ　ピリオドゥ | 敏感肌<br>**sensitive skin**<br>センシティブ　スキン |
|---|---|

# 食事

## そのお店ならではのおいしい物を食べよう

おすすめの料理はどれですか？
**Which one do you recommend?**
ウィッチ　ワン　ドゥー　ユー　レコメン

日本に焼き鳥屋やラーメン屋があるのと同じように、お店にはそれぞれ得意とする料理があります。そのお店のおすすめ料理を聞き、注文するほうが、おいしい料理に出会えることが多いのです。ガイドブックで紹介されていない名店、おいしい料理との出会いは旅の醍醐味です。

## 注文の言葉は簡単

**これにします**
**I'll have this.**
アイル　ハブ　ディス

料理名の発音が難しいときは、メニューに載っている料理名を指さしながらこの言葉を使えば、簡単に通じます。一見すると難しそうなメニューでも、42-43ページの食材名と調理名を参考にすると意外と判読できるものです。

## ちゃんと伝えたい"本場の味"の感動

**おいしい**
**delicious/tasty**
デリシャス/テイスティ

日本で食べるものと全然違う、本場のおいしい料理に出会った感激は、作ってくれた人にも伝えたいもの。お店の人も外国人はどう思うのだろう？ と気にしていることが多いので、この言葉は喜ばれます。ちなみに「とってもおいしい」は「It's very tasty. イッツ ベリィ テイスティ」です。

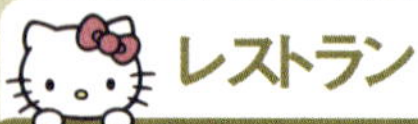

# レストラン

この近くに～はありますか？
Is there ~ nearby?
イズゼァ　～　ニアバイ

| | | |
|---|---|---|
| レストラン<br>restaurant<br>レストラァンッ  | カフェ<br>café<br>カフェ  | バー<br>bar<br>バー  |
| ファーストフード<br>fast food<br>ファスフード  | イタリア料理<br>Italian<br>イタリアン  | フランス料理<br>French<br>フレンチ |
| 和食<br>Japanese<br>ジャパニーズ  | 中華料理 Chinese<br>チャイニーズ  | シーフード<br>seafood<br>スィーフード |

## おいしい店を探す

あなたがよく行くお店を教えて下さい
Where do you always go?
ウェアドゥユ　オールウェイズ　ゴー

その店はどこにありますか？
Where is it?
ウェアーズィッ

| | |
|---|---|
| 地元で人気のお店<br>restaurant popular with the locals<br>レストラァンッ　ポピュラァウィズ　ザロウカッズ | 遅くまで開いている店<br>restaurant that stays open late<br>レストラァンッ　ザッステイズ　オープンレイト |

| | | |
|---|---|---|
| 高級な<br>expensive<br>エクスペンシブ | カジュアルな<br>casual<br>キャジュアル | 安い<br>cheap<br>チープ |

|  朝食<br>breakfast<br>ブレッ　ファースト |  昼食<br>lunch<br>ランチ  | 夕食<br>dinner<br>ディナー  |
|---|---|---|

## 予約をする

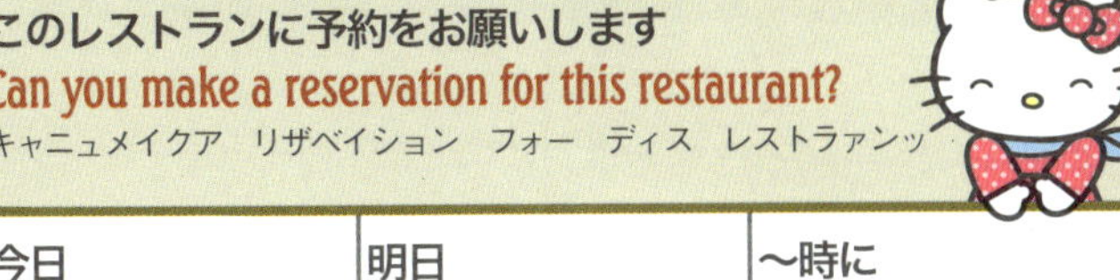

このレストランに予約をお願いします
Can you make a reservation for this restaurant?
キャニュメイクア　リザベイション　フォー　ディス　レストラァンッ

| 今日<br>today<br>トゥデイ | 明日<br>tomorrow<br>トゥモロー | ～時に<br>about ~(am/pm)<br>アバウッ～(エイエム/ピーエム) |
|---|---|---|
| 禁煙席<br>non-smoking table<br>ノンスモゥキン　テイボー | 喫煙席<br>smoking table<br>スモゥキン　テイボー | ２名です<br>for two<br>フォー　トゥー |

## 味の表現

いかがですか？
How is it?
ハウイズッ

| とても～<br>very ~<br>ベリィ　～ | おいしい<br>delicious/tasty<br>デリシャス/テイスティ  | まずい<br>not good<br>ノッ　グゥッ  |
|---|---|---|
| 少し～<br>a little ~<br>アリトゥ　～ | からい<br>spicy<br>スパイスィ  | あまい<br>sweet<br>スウィート |

# 注文

おすすめの料理はどれですか？
**Which one do you recommend?**
ウィッチ　ワン　ドゥー　ユー　レコメン

## 注文する

メニューをください
**Can I see the menu?**
キャナアイ　スィー　ザ　メニュゥ

注文をお願いします
**I'm / We're ready to order.**
アイム／ウィア　レディートゥー　オーダー

写真付き
**with photos**
ウィズ　フォトゥズ

日本語
**Japanese**
ジャパニーズ

英語
**English**
イングリッシュ

あれは何という料理ですか？
**What's it called?**
ホワッツ　イッコゥルド

今日の料理はなんですか？
**What's today's special?**
ホワッツ　トゥディズ　スペシャル

ご注文はお決まりですか？
**Are you ready to order?**
アー　ユー　レディー　トゥー　オーダー

まだです、もう少し待ってください
**Not yet. Please give me / us a few more minutes.**
ノッ　イェッ．プリーズ　ギブ　ミー／アス　アフュー　モア　ミニッツ

あれと同じものをください
**I'll take that.**
アイル　テイクザッ

これにします
**I'll have this.**
アイル　ハブ　ディス

| | | |
|---|---|---|
| ～をください<br>~, please.<br>～　プリーズ 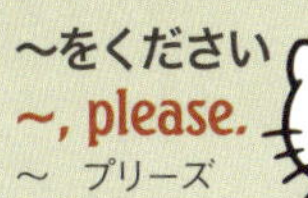 | ナイフ<br>knife<br>ナイフ  | フォーク<br>folk<br>フォーク 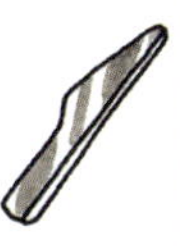 |
| スプーン<br>spoon<br>スプーン  | 取り皿<br>small plate<br>スモール　プレーッ  | ナフキン<br>napkin<br>ナプキン |
| グラス<br>glass<br>グラァス  | 箸<br>chopsticks<br>チョップスティックス | 灰皿<br>ashtray<br>アシュトレイ 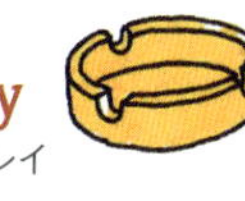 |

## 支払いをする

| | |
|---|---|
| 会計をお願いします<br>Check, please.<br>チェック　プリーズ  | もう十分です<br>I'm full.<br>アイム　フル  |
| 持ち帰り用に<br>パックしてもらえますか？<br>Do you have a doggie bag?<br>ドゥユハバ　ドギィバッグ | トイレはどこですか？<br>Where's the rest room?<br>ウェアー　イズ　ザ　レスト　ルーム  |

| | | |
|---|---|---|
| 窓際の席<br>table by the window<br>テイブルバイ　ウィンドウ | テラス席<br>table on the terrace<br>テイブルオンザ　テラス | 角の席<br>corner table<br>コーナー　テイボー |

## メニューの言葉

| | |
|---|---|
| ～をください<br>~, please.<br>～　プリーズ  | おすすめはどれですか？<br>What do you recommend?<br>ホワッドゥユ　レコメン  |

| | | |
|---|---|---|
| 前菜<br>appetizer<br>アペタイザ | サラダ<br>salad<br>サァラッ  | スープ<br>soup<br>スゥプ |
| メインディッシュ<br>main dish/ entrée<br>メインディッシュ/アントレー | 肉料理<br>meat<br>ミート  | 魚料理<br>fish<br>フィッシュ |
| チーズ<br>cheese<br>チーズ  | パスタ<br>pasta<br>パスタ | デザート<br>dessert<br>デザァト  |

### 肉料理

| | | | |
|---|---|---|---|
| 牛肉<br>beef<br>ビーフ  | 豚肉<br>pork<br>ポーク  | 鶏肉<br>chicken<br>チキン  | ベーコン<br>bacon<br>ベイコン  |
| 子牛<br>calf<br>カァフ | 子羊<br>lamb<br>ラム | 鴨<br>duck<br>ダック  | 卵<br>egg<br>エッグ  |

| | | | |
|---|---|---|---|
| 塩<br>salt<br>ソォルッ  | コショウ<br>pepper<br>ペパー | マスタード<br>mustard<br>マスタード | ドレッシング<br>dressing<br>ドレッシング |

## 調理法

| | | | |
|---|---|---|---|
| あぶり焼き<br>**roasted**<br>ロウスティッド | ゆでた<br>**boiled**<br>ボイルド  | 冷たくした<br>**chilled**<br>チルド | 煮た<br>**cooked**<br>クックト  |
| フライした<br>**fried**<br>フライド  | つぶした<br>**mashed**<br>マッシュト | 燻製にした<br>**smoked**<br>スモウクト | 炒めた<br>**stir-fried**<br>スターフライド |

## 魚料理

| | | | |
|---|---|---|---|
| 舌平目<br>**sole**<br>ソォウ | さけ<br>**salmon**<br>サモン | いわし<br>**sardine**<br>サルディーン | たい<br>**sea bream**<br>スィーブリーム  |
| タラ<br>**cod**<br>コォッド | ニシン<br>**herring**<br>ヘリング | まぐろ<br>**tuna**<br>トゥナ  | エスカルゴ<br>**snail/escargot**<br>スネイル/エスカルゴゥ |
| ロブスター<br>**lobster**<br>ロゥブスタァ | エビ<br>**shrimp**<br>シュリンプ | ムール貝<br>**blue mussel**<br>ブルーマスゥ  | ホタテ貝<br>**scallop**<br>スキャロップ |

## 野菜

| | | | |
|---|---|---|---|
| アスパラガス<br>**asparagus**<br>アスパラガス | なす<br>**eggplant**<br>エッグプラン  | アボカド<br>**avocado**<br>アボカァド | キャベツ<br>**cabbage**<br>キャァベッジ  |
| セロリ<br>**celery**<br>セゥルリィ | たまねぎ<br>**onion**<br>オゥニオン  | キノコ<br>**mushroom**<br>マシュルゥム | ベジタリアン<br>**vegetarian**<br>ベジタリアン |

# 飲み物・デザート

| | |
|---|---|
| 〜をください<br>I'll have ~<br>アイル　ハブ　〜  | お水をください<br>Water, please.<br>ウォーター　プリーズ  |

## ソフトドリンク

| | | |
|---|---|---|
| ミネラルウォーター<br>mineral water<br>ミナロー　ウォーター  | オレンジジュース<br>orange juice<br>オゥレンジ　ジュース | 牛乳<br>milk<br>ミルク  |
| 紅茶<br>tea<br>ティー | コーヒー<br>coffee<br>コフィー | カフェオレ<br>café-au-lait<br>カフェオレェ  |

| | | | |
|---|---|---|---|
| アイス<br>iced<br>アイスト  | ホット<br>hot<br>ホッ | ミルク<br>cream<br>クリーム  | レモン<br>lemon<br>レモン  |

## アルコール

| | | | |
|---|---|---|---|
| 赤ワイン<br>red wine<br>レッ　ワイン | 白ワイン<br>white wine<br>ホワイッ　ワイン  | 甘口<br>sweet<br>スウィート | 辛口<br>dry<br>ドライ |
|  シャンパン<br>champagne<br>シャンペーン | グラス１杯<br>a glass of ~<br>アグラスオブ 〜 | カラフェ<br>(デキャンタ)<br>carafe<br>カラーフ | ボトル１本<br>a bottle<br>ア　ボトゥ  |

| | | |
|---|---|---|
| ビール<br>beer<br>ビアー  | カクテル<br>cocktail<br>カクテイル | 日本酒<br>Japanese sake<br>ジャパニーズ　サキ  |

本日のデザートはなんですか？
What's for dessert today?
ホワッツフォー　デザァト　トゥデイ

| | | |
|---|---|---|
| デザート<br>dessert<br>デザァト  | アイスクリーム<br>ice cream<br>アイスクリーム  | プリン<br>pudding<br>プディン  |
| クレープ<br>crepe<br>クレェプ | シャーベット<br>sorbet<br>ソルベェ  | ムース<br>mousse<br>ムゥス |
|  パイ<br>pie<br>パイ | タルト<br>tart<br>タァルト  | ゼリー<br>gelatin<br>ジェラトゥン |

| | | |
|---|---|---|
| 果物<br>fruit<br>フルーツ | いちご<br>strawberry<br>ストロゥベリィ  | りんご<br>apple<br>アプゥ  |
| オレンジ<br>orange<br>オゥレンジ  | ブルーベリー<br>blueberry<br>ブルーベリィ | ぶどう<br>grapes<br>グレイプス  |
| バナナ<br>banana<br>バナァナ  | サクランボ<br>cherry<br>チェリィ  | アーモンド<br>almond<br>アゥモン  |

# 買い物

## この本なら、値段を聞くのも簡単！

**いくらですか？**
**How much is it?**
ハウマッチ　イズイッ

いろんな場面で役立つ言葉です。相手が早口で聞き取れないときなどは、5ページに並んでいるお金や数字を見せれば、いくらで買えるのか教えてもらうことができます。また、日本円との換算レートを書き込んでおくと、便利ですよ。

## ぴったり合うサイズを見つけよう

試着してもいいですか？
**May I try it on?**
メイ　アイ　トゥライットン

洋服や靴を購入するときは、試着することをおすすめします。ガイドブックなどにはサイズ対応表が載っていますが、メーカーによっても異なる場合があります。「もっと小さいものはありますか？」など、51ページの言葉で要望をきちんと伝えて、お気に入りの品を手に入れてください。

## お目当てのバッグもすぐに見つかります

これが欲しいのですが
**I want this.**
アイワン　ディス

雑誌やガイドブック、ネットで見つけた商品を買いたいとき。そんな時はこのフレーズで、店員さんに気軽に聞いてみましょう。このフレーズのあとに、商品名や雑誌の切り抜きなどを見せれば、スムーズに探し物が見つかるはず。

# お金と数字

| 0 | 1 | 2 | 3 | 4 |
|---|---|---|---|---|
| zero<br>ゼィロ | one<br>ワン | two<br>トゥー | three<br>スリー | four<br>フォー |
| 10 | 11 | 12 | 13 | 14 |
| ten<br>テン | eleven<br>イレブン | twelve<br>トゥエルブ | thirteen<br>サーティーン | fourteen<br>フォーティーン |
| 60 | 70 | 80 | 90 | 100 |
| sixty<br>シクスティ | seventy<br>セブンティ | eighty<br>エイティ | ninety<br>ナインティ | one hundred<br>ワン　ハンドレッ |

いくらですか？
**How much is it?**
ハウマッチ　イズイッ

～ドル
**～ dollars**
～　ダァラズ

これにします
**I'll take this.**
アイル　テイク　ディス

高い
**expensive**
エクスペンスィブ

安い
**cheap**
チープ

両替したいです
**I want to change money.**
アイワントゥ　チェンジ　マニィ

～円分
**for ～ yen**
フォー　～　イェン

１ドル紙幣を入れてください
**Please include one-dollar bills.**
プリーズ　インクルゥ　ワンダラァビルズ

この紙幣をくずしてください
**Please break the bill.**
プリーズ　ブレイクザビル

| 5 | 6 | 7 | 8 | 9 |
| --- | --- | --- | --- | --- |
| five<br>ファイブ | six<br>シックス | seven<br>セブン | eight<br>エイッ | nine<br>ナイン |
| 15<br>fifteen<br>フィフティーン | 20<br>twenty<br>トゥエンティ | 30<br>thirty<br>サーティー | 40<br>forty<br>フォーティ | 50<br>fifty<br>フィフティ |

| 200 | 500 | 1,000 | 10,000 |
| --- | --- | --- | --- |
| two hundred<br>トゥー　ハンドレッ | five hundred<br>ファイブ　ハンドレッ | thousand<br>サウザンド | ten thousand<br>テン　サウザンド |

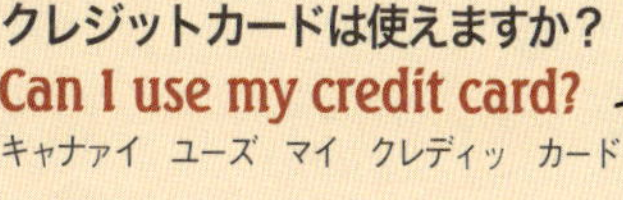

クレジットカードは使えますか？
Can I use my credit card?
キャナァイ　ユーズ　マイ　クレディッ　カード

使えません
You can't use it.
ユーキャンッ　ユーズィッ

ここにサインをしてください
Please sign here.
プリーズ　サイン　ヒァー

暗証番号
pin code
ピンコード

日本円は使えますか？
Do you take Japanese yen?
ドゥユテイク　ジャパニーズ　イェン

トラベラーズチェックは使えますか？
Do you take traveler's checks?
ドゥユテイク　トラベラーズチェックス

領収書
receipt
レスィーッ

トラベラーズチェック
traveler's checks
トラベラーズチェックス

手数料
service charge
サービスチャージ

| | |
|---|---|
| ～はありますか？<br>**Do you have ～?**<br>ドゥユ　ハブ　～  | ～はどこで買えますか？<br>**Where can I buy ～?**<br>ウェアキャナァイバイ　～  |

| | | |
|---|---|---|
| Tシャツ<br>**T-shirt**<br>ティー　シャーッ 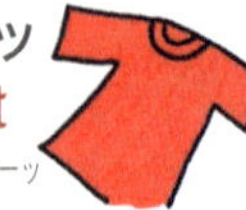 | ジャケット<br>**jacket**<br>ジャケッ  | シャツ<br>**shirt**<br>シャーッ  |
| キャミソール<br>**camisole**<br>キャミソゥル  | スカート<br>**skirt**<br>スカーッ  | ズボン<br>**pants**<br>パァンツ  |
| ワンピース<br>**dress**<br>ドレス  | セーター<br>**sweater**<br>スウェタァ  | コート<br>**coat**<br>コウト  |
| ブラジャー<br>**bra**<br>ブラァ  | 女性用パンツ<br>**panties / thong**<br>パンティーズ/ソング  | 男性用パンツ<br>**briefs / boxers**<br>ブリーフス/ボクサーズ  |

| | | |
|---|---|---|
| 綿<br>**cotton**<br>コトゥン  | シルク<br>**silk**<br>スィルク  | 麻<br>**linen**<br>リネン |
| ウール<br>**wool**<br>ウゥ  | ポリエステル<br>**polyester**<br>ポォリエステェ | ナイロン<br>**nylon**<br>ナイロン |

試着してもいいですか？
**May I try it on?**
メイ　アイ　トゥライットン

もっと〜なものはありますか？
**Do you have ~ one?**
ドゥユハバ　〜　ワン

大きい
**big**
ビッグ

小さい
**small**
スモール

ちょっとだけ〜
**a little ~**
ア　リトー　〜

短い
**short**
ショーッ

長い
**long**
ロング

〜すぎる
**too ~**
トゥー　〜

ゆるい
**big**
ビッグ

きつい
**tight**
タイッ

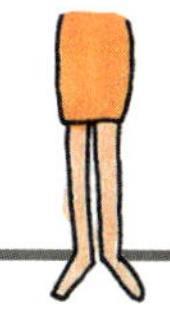

## カラーバリエーション

色違いのものはありますか？
**Do you have it in different colors?**
ドゥユ　ハビッ　イン　ディファレンッ　カラース

別のデザインのものはありますか？
**Do you have a different design?**
ドゥユハバ　ディファレン　デザイン

| | | | |
|---|---|---|---|
| 白<br>**white**<br>ワイッ | 黒<br>**black**<br>ブラック  | グレー<br>**gray**<br>グレイ  | 赤<br>**red**<br>レッ  |
| 黄色<br>**yellow**<br>イェロー  | 青<br>**blue**<br>ブルー  | 緑<br>**green**<br>グリーン  | ベージュ<br>**beige**<br>ベイジュ |

## 靴・小物

| これが欲しいです<br>I want this.<br>アイワン　ディス | それを見せてください<br>Please show me this one.<br>プリーズ　ショウ　ミー　ディス　ワン |
|---|---|

| | | |
|---|---|---|
| 靴<br>shoes<br>シューズ  | ハイヒール<br>high-heels<br>ハイヒールズ  | パンプス<br>pumps<br>パンプス |
| サンダル<br>sandals<br>サンドース  | ブーツ<br>high boots<br>ハイ　ブーツ  | スニーカー<br>sneakers<br>スニーカァース |
| バック<br>bag<br>バァグ  | ハンドバック<br>handbag<br>ハンドバァグ  | ショルダーバック<br>shoulder bag<br>ショゥダー　バァグ |
| 財布<br>wallet<br>ウォレッ  | ポーチ<br>pouch<br>パウチ | 名刺入れ<br>business card holder<br>ビズィネスカード　ホォウダー |
| 帽子<br>hat / cap<br>ハッ／キャップ  | スカーフ<br>scarf<br>スカーフ | ネクタイ<br>necktie<br>ネクタイ  |
| ベルト<br>belt<br>ベゥト  | サングラス<br>sunglasses<br>サン　グラッシス  | 傘<br>umbrella<br>アンブレァラ  |

一番よく売れてるのはどれですか？
**Which is the most popular?**
フィッチイズザ　モゥスト　ポピュラー

| | | |
|---|---|---|
| アクセサリー<br>**jewelry/accessories**<br>ジュゥリィ/アックセッサリィズ | 指輪<br>**ring**<br>リング | ネックレス<br>**necklace**<br>ネックレース  |
| ピアス<br>**pierced earrings**<br>ピァースト　イアリングス | イヤリング<br>**earrings**<br>イアリングス | ブローチ<br>**broach**<br>ブロゥチ |
| 金<br>**gold**<br>ゴウルド  | 銀<br>**silver**<br>スィルバー 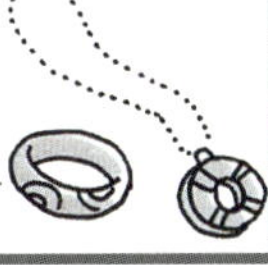 | プラチナ<br>**platinum**<br>プラティナン 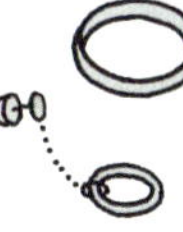 |

気に入りました
**I like it.**
アイ　ライ　キッ

これを買います
**I will take this.**
アイ　ウィル　テイク　ディス

免税で買えますか？
**Is it duty-free?**
イズイッ　デューティフリー

ディスカウントしていただけますか？
**Will you give me a discount?**
ウィル　ユー　ギブ　ミー　ディスカウント

| | |
|---|---|
| ～%引き<br>**～%off**<br>～パーセンッ　オフ | セール品<br>**sale item**<br>セイルアイテム |
| 売り切れ<br>**sold out**<br>ソウルドゥアウト | セール除外品<br>**not on sale**<br>ノットンセイル |

# 日用品

| | |
|---|---|
| ～が欲しいです<br>**I want ～.**<br>アイワント　～  | ～はどこにありますか？<br>**Where is～?**<br>ウェアーイズ　～  |

| | | |
|---|---|---|
| ミネラルウォーター<br>**mineral water**<br>ミネラゥ　ウォーター  | ジュース<br>**juice**<br>ジュース  | 酒類<br>**liquor**<br>リッカー  |
| ポテトチップス<br>**chips**<br>チップス | チョコレート<br>**chocolate**<br>チョコレイッ | ガム<br>**chewing gum**<br>チュウィン　ガム |

| | | |
|---|---|---|
| ボールペン<br>**ballpoint pen**<br>バォー　ポィンッ　ペン | ノート<br>**notebook**<br>ノウトブッ  | はさみ<br>**scissors**<br>シザース  |
| ガムテープ<br>**duct tape**<br>ダック　テープ  | ハガキ<br>**postcard**<br>ポースッ　カァード | 手帳<br>**personal organizer**<br>パーソナゥ　オーガナイザー |

| | | |
|---|---|---|
| ティッシュペーパー<br>**tissues**<br>ティシューズ | 生理用ナプキン<br>**sanitary napkin**<br>サニタリー　ナプキンス  | タンポン<br>**tampon**<br>タンポォーン |
| タバコ<br>**cigarettes**<br>シガレッツ  | ライター<br>**lighter**<br>ライター  | 灰皿<br>**ashtray**<br>アシュトレイ  |

化粧水
**lotion**
ロウション

乳液
**milky lotion**
ミルキィ　ロウション

洗顔フォーム
**face soap**
フェイス　ソープ

メイククレンジング
**cleansing cream**
クレンズィン　クリーム

日焼け止め
**sunscreen**
サンスクリーン

ハンドクリーム
**hand cream**
ハンド　クリーム

ファンデーション
**foundation**
ファウンデイション

口紅
**lipstick**
リップスティッ

マニキュア
**manicure**
マニキュウァ

乾燥肌
**dry skin**
ドライスキン

脂性肌
**oily skin**
オイリィスキン

敏感肌
**sensitive skin**
センスィティブスキン

CD
**CD**
スィーディー

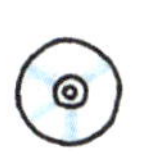

DVD
**DVD**
ディーヴィーディー

本
**book**
ブッ

土産用に包んでください
**Could you wrap it/them?**
クヂュ　ラッピッ/ラップゼム

別々に包んでください
**Could you wrap them separately?**
クヂュラップゼム　セパレイトリィ

壊れないようにしてください
**Please pack it so it won't break.**
プリーズ　パッキッ　ソウイッウォンブレイク

店の袋を余分にください
**Can I have an extra bag for each?**
キャナァイハブ　アネクストラバッグ　フォーイーチ

# 仲良くなる

## 日本語ガイドさんにもあえて英語で言ってみる

**はじめまして**
**Nice to meet you.**
ナイス　トゥー　ミーチュー

ツアー旅行でお世話になるガイドさんや現地で知り合った人に、こうあいさつしてみましょう。こんな時、たどたどしい発音はかえって受けがよかったりするもの。ぐっとなごやかになるので、ぜひ言ってみましょう。その国の言葉を話し、通じる体験は、とっても面白く楽しいもの。ぜひ味わってみてください。

## ガイドブックにはない情報を聞くには

あなたのおすすめの～を
教えてください
**Could you recommend a good ～?**
クジュー　レコメンダ　グッ　～

現地のおすすめ情報は、現地の人に聞くのが一番です。ガイドブックには載っていない地元の人だけが知っている情報も、60ページの「レストラン」や「名所」などを組み合わせるだけで、簡単に聞くことができます。きっと興味を持って、対応してくれますよ！

## 「ありがとう」は何よりも気持ちが大事

ありがとう
**Thank you.**
サンキュー

「こんにちは」と並んで覚えておきたい言葉です。何かをしてもらった時、お店を出る時など、感謝の気持ちを伝えましょう。発音に自信がなくても、あなたの笑顔があればちゃんと伝わります。はっきりと大きな声で発音しましょう。

# 自己紹介

はじめまして
**Nice to meet you.**
ナイス　トゥー　ミー　チュー

元気ですか？
**How are you?**
ハウ　アー　ユー

元気です
**I'm fine.**
アイム　ファイン

あまりすぐれません
**Not so good.**
ノッソゥ　グッド

私の名前は～です
**My name is ～ .**
マイ　ネーム　イズ　～

あなたのお名前は？
**What's your name?**
ワッチュアー　ネーム

私は日本人です
**I'm Japanese.**
アイム　ジャパニーズ

日本から来ました
**I'm from Japan.**
アイム　フロム　ジャパァン

～と一緒に
**(I am) with my ～**
（アイ　アム）ウィズ　マイ　～

友だち
**friends**
フレンズ

家族
**family**
ファミリー

彼氏
**boyfriend**
ボーイフレンッ

彼女
**girlfriend**
ガールフレンッ

親
**parent(s)**
ペアレント/
ペアレンツ

兄弟
**brother(s)**
ブラザー（ズ）

姉妹
**sister(s)**
シスター（ズ）

初めて来ました
**This is my first time to visit.**
ディス　イズ　マイ　ファースッ　タイム　トゥー　ヴィジッ

～回目です
**This is my ～th time.**
ディス　イズ　マイ　～ス　タイム

旅行の目的は～です
**I'm here for ～.**
アイムヒアフォ　～

～が楽しみです
**I'm looking forward to ～.**
アイム　ルッキンフォーワァド　トゥ　～

| | | |
|---|---|---|
| 買い物<br>**shopping**<br>ショッピン  | 観光<br>**sightseeing**<br>サイッスィーイン | のんびりする<br>**relax**<br>リラックス |
| エンターテイメント<br>**entertainment**<br>エンターテイメント | グルメ<br>**fine dining**<br>ファイン　ダイニン | 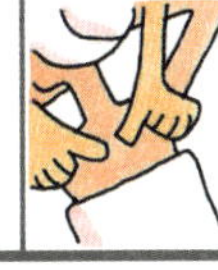 エステ<br>**spa**<br>スパァ |

私は～をしています
**I'm a ～.**
アイムア　～

学生
**student**
ストゥーデント

| | | |
|---|---|---|
| アルバイト<br>**part-timer**<br>パーッタイマー  | 会社員<br>**office worker**<br>オフィス　ワーカー  | フリーランス<br>**freelancer**<br>フリーランサー |
| 公務員<br>**government employee**<br>ガバメント　エンプロイィ | 主婦<br>**housewife**<br>ハウスワイフ | 求職中<br>**looking for a job**<br>ルッキンフォア　ジョブ |

## あなたのおすすめの〜を教えてください
**Could you recommend a good ~?**
クジュー　レコメンダ　グッ　〜

| | | |
|---|---|---|
| レストラン<br>**restaurant**<br>レストラァンッ  | 食べ物<br>**food**<br>フゥド  | 場所（エリア）<br>**area**<br>エリア |
| カフェ<br>**café**<br>カフェ  | 観光名所<br>**tourist spot**<br>トゥーリスト　スポッ | 洋服屋<br>**boutique**<br>ブティーク  |

| | | |
|---|---|---|
| あなたは〜ですね<br>**You are ~.**<br>ユー　アー　〜 | 彼は〜<br>**He's ~.**<br>ヒィズ　〜 | 彼女は〜<br>**She's ~.**<br>シーズ　〜  |
| かっこいい<br>**cool** クーゥ   | かわいい<br>**cute, pretty**<br>キューッ、プリティー 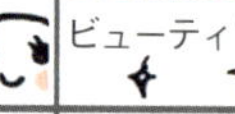 | 美しい<br>**beautiful**<br>ビューティフォー 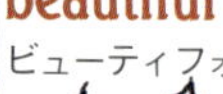 |
| おもしろい<br>**funny**<br>ファニー | やさしい<br>**sweet / nice**<br>スウィーッ／ナイス | 親切<br>**kind**<br>カァインド |

| | | |
|---|---|---|
| 楽しい<br>**fun**<br>ファン  | 感動している<br>**moving**<br>ムービン  | 驚いている<br>**surprising**<br>サプライジン  |

## 連絡先を尋ねる

あなたに～を送りますね
I'll send you a ~
アイル　センジュー　ア　～

～を教えてください
Will you give me (your) ~?
ウィリュー　ギブ　ミー　(ユア)　～

| | | |
|---|---|---|
| 手紙<br>letter<br>レター  | 写真<br>photo<br>フォゥトゥ  | Eメールアドレス<br>e-mail address<br>イーメール　アドレス |
| 名前<br>full name<br>フル　ネーム | 住所<br>mailing address<br>メーリン　アドレス | 電話番号<br>phone number<br>フォン　ナンバー |

これは何ですか？
What is this?
ワッティズ　ディス

書いてください
Please write it down.
プリーズ　ライティッ　ダウン

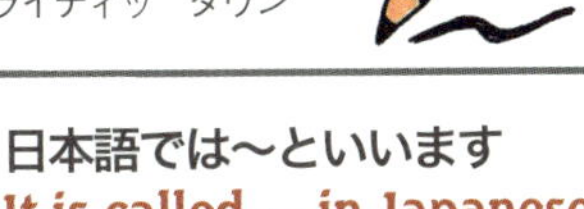

ゆっくり話してください
Please speak more slowly.
プリーズ　スピーク　モアー　スローリー

日本語では～といいます
It is called ~ in Japanese.
イット　イズ　コールドゥ　～　イン　ジャパニーズ

お会いできてよかったです
I'm glad to have met you.
アイム　グラットゥー　ハブメッチュ

一緒に写真を撮りましょう
Let's take a picture together.
レッツ　テイカ　ピクチャー　トゥギャザー

さようなら
Goodbye.
グッバーイ

また会いましょう
See you again.
スィーユゥ　アゲイン

ありがとう
Thank you.
サンキュー

## 時間

今、何時ですか？
What time is it now?
ワッ タイム イジッ ナウ

| 今日 | 明日 |
|---|---|
| today<br>トゥデイ | tomorrow<br>トゥモロー |

| ～時です | ～時…分 |
|---|---|
| It's ～ o'clock.<br>イッツ ～ オクロック | It's ～ …<br>イッツ ～ … |

| 1 | 2 | 3 | 4 | 5 | 6 |
|---|---|---|---|---|---|
| one<br>ワン | two<br>トゥー | three<br>スリー | four<br>フォー | five<br>ファイブ | six<br>シックス |
| 7<br>seven<br>セブン | 8<br>eight<br>エイッ | 9<br>nine<br>ナイン | 10<br>ten<br>テン | 11<br>eleven<br>イレヴン | 12<br>twelve<br>トゥエルブ |
| 13<br>thirteen<br>サーティーン | 14<br>fourteen<br>フォーティーン | 15<br>fifteen<br>フィフティーン | 16<br>sixteen<br>シクティーン | 17<br>seventeen<br>セブンティーン | 18<br>eighteen<br>エイティーン |
| 19<br>nineteen<br>ナインティーン | 20<br>twenty<br>トゥエンティ | 21<br>twenty-one<br>トゥエンティ ワン | 22<br>twenty-two<br>トゥエンティ トゥー | 23<br>twenty-three<br>トゥエンティ スリー | 24<br>twenty-four<br>トゥエンティ フォー |

| 分 | |
|---|---|
| 10分 | ten minutes<br>テン ミニッツ |
| 20分 | twenty minutes<br>トゥエンティ ミニッツ |
| 30分 | thirty minutes<br>サーティー ミニッツ |
| 40分 | forty minutes<br>フォーティ ミニッツ |
| 50分 | fifty minutes<br>フィフティ ミニッツ |

| (午前中) 朝 | (午後) 昼 | 夕方 |
|---|---|---|
| (in the ) morning<br>(イン ザ)モーニン | (in the) afternoon<br>(イン ジ)アフタヌーン | evening<br>イーブニン |

| どのくらいかかりますか？<br>How many minutes does it take?<br>ハウメニ　ミニッツ　ダズイッ　テイク | ～時間<br>~ hour(s)<br>～アワー(ズ) | ～分間<br>~ minute(s)<br>～　ミニット(ツ) |
|---|---|---|

| | |
|---|---|
| ～時に起こしてください<br>Please wake me up at ~ (a.m. / p.m.).<br>プリーズ　ウェーク　ミー　アッパッ　～　(エイエム／ピーエム) | ～時にタクシーを呼んでください<br>Please call a taxi at ~ (a.m. / p.m.).<br>プリーズ　コールァ　タクスィ　アッ　～　(エイエム／ピーエム) |
| ～時に迎えに来てください<br>Please pick me up at ~ (a.m. / p.m.).<br>プリーズ　ピック　ミー　アッパッ　～　(エイエム／ピーエム) | ～時にここを出発します<br>I will depart at ~ (a.m. / p.m.).<br>アイ　ウィル　ディパーッ　アッ　～　(エイエム／ピーエム) |
| 何時に出発しますか？<br>When will it depart?<br>ウェン　ウィリッ　ディパーッ | 何時に到着しますか？<br>When will it arrive?<br>ウェン　ウィリッ　アライブ |

| | |
|---|---|
| 何時に始まりますか？<br>When will it start?<br>ウェン　ウィリッ　スターッ | 何時に終わりますか？<br>When will it end?<br>ウェン　ウィリッ　エン |
| ～時に予約を入れてください<br>Please make a reservation at ~ (a.m. / p.m.).<br>プリーズ　メーカ　レザベーション　アッ　～　(エイエム／ピーエム) | 何時に来ればいいですか？<br>What time should I come?<br>ワッ　タイム　シュダイ　カム |

| 間に合いますか？<br>Can we make it?<br>キャンウィ　メイキッ | 間に合う<br>make it<br>メイキッ | 間に合いません<br>We can't make it.<br>ウイキャント　メイキッ |
|---|---|---|

# 日付

## 曜日

| | | |
|---|---|---|
| 月曜日 | Monday | マンデー |
| 火曜日 | Tuesday | チューズデー |
| 水曜日 | Wednesday | ウェンズデイ |
| 木曜日 | Thursday | サーズデー |
| 金曜日 | Friday | フライデイ |
| 土曜日 | Saturday | サタデー |
| 日曜日 | Sunday | サンデー |

○月△日
△ of ○
△オブ○

## 月

| | | |
|---|---|---|
| 1月 | January | ジャニュアリー |
| 2月 | February | フェビュアリー |
| 3月 | March | マーチ |
| 4月 | April | エープリル |
| 5月 | May | メイ |
| 6月 | June | ジューン |
| 7月 | July | ジュライ |
| 8月 | August | オーガスト |
| 9月 | September | セプテンバー |
| 10月 | October | オクトーバー |
| 11月 | November | ノーヴェンバー |
| 12月 | December | ディッセンバー |

予約したいです
I want to make a reservation for ~.
アイワントゥ　メイクァ　リザベイション　フォー　～

日

| 1 | 2 | 3 | 4 | 5 | 6 | 7 | 8 |
|---|---|---|---|---|---|---|---|
| one<br>ワン | two<br>トゥー | three<br>スリー | four<br>フォー | five<br>ファイブ | six<br>シックス | seven<br>セブン | eight<br>エイッ |
| **9** | **10** | **11** | **12** | **13** | **14** | **15** | **16** |
| nine<br>ナイン | ten<br>テン | eleven<br>イレブン | twelve<br>トゥエルブ | thirteen<br>サーティーン | fourteen<br>フォーティーン | fifteen<br>フィフティーン | sixteen<br>シクティーン |

| 17 | 18 | 19 | 20 | 21 | 22 |
|---|---|---|---|---|---|
| seventeen<br>セブンティーン | eighteen<br>エイティーン | nineteen<br>ナインティーン | twenty<br>トゥエンティ | twenty-one<br>トゥエンティ　ワン | twenty-two<br>トゥエンティ　トゥー |
| **23** | **24** | **25** | **26** | **27** | **28** |
| twenty-three<br>トゥエンティ　スリー | twenty-four<br>トゥエンティ　フォー | twenty-five<br>トゥエンティ　ファイブ | twenty-six<br>トゥエンティ　シックス | twenty-seven<br>トゥエンティ　セブン | twenty-eight<br>トゥエンティ　エイッ |
| **29** | **30** | **31** | | | |
| twenty-nine<br>トゥエンティ　ナイン | thirty<br>サーティー | thirty-one<br>サーティー　ワン | | | |

書いてください
Please write it down.
プリーズ　ライティッ　ダウン

| 昨日 | 今日 | 明日 | ～曜定休 |
|---|---|---|---|
| yesterday<br>イェスタデー | today<br>トゥデー | tomorrow<br>トゥモロー | closed ~day<br>クロウズド　～　デイ |

# トラブル

## 盗まれたら、落ち込む前にまず届出を

～を盗まれました
**My ～ was stolen.**
マイ　～　ワズ　ストーレン

高価な物を盗まれたら、ホテルの人などに相談して警察に連絡し、「盗難／紛失証明書」を発行してもらいましょう。海外旅行保険（携行品保険）に入っていれば適用されるはずです。保険会社のコールセンターにも相談しましょう。旅行の日程は限られています。警察で言葉が通じるか心配する前に、まずは連絡を！！

## 体調が悪くてどうにもならない、そんな時…

**病院に行きたい**
**I want to go to the hospital.**
アイワントゥゴウトゥザ　ホスピタゥ

調子が悪く、これは医者に行かないと…という時、まずはホテルで相談するのが一番です。ただし症状によっては、治療費が高額なことも。そのため、最初から海外旅行保険の使える病院に行くほうがよいでしょう。たいていの保険のしおりには、病院が紹介されています。

## 薬局で薬を買ってしのぐならば

**痛み止め**
**pain killer**
ペインキラー

カンタンなクスリなら薬局で買えるように、70ページにフレーズを用意してあります。体調不良やトラブルは嫌なものですが、そんな時に触れる現地の人たちの親切は深く心にしみるもの。

# 盗難・犯罪

| ～を盗まれました<br>My ～ was stolen.<br>マイ　～　ワズ　ストーレン | ～をなくしました<br>I lost my ～.<br>アイ　ロスッ　マイ　～ |
|---|---|

| クレジットカード<br>credit card<br>クレディッ　カード | 現金<br>cash<br>キャシュ | 財布<br>wallet<br>ウォレッ |
|---|---|---|
| パスポート<br>passport<br>パスポート | 荷物<br>baggage<br>バゲージ | カメラ<br>(digital) camera<br>(デジタル)キャメラ |

## 諸手続き

| 再発行をお願いします<br>Please re-issue it.<br>プリーズ　リイッシュー　イッ | 盗難／紛失証明書<br>police report<br>ポリース　リポーッ |
|---|---|

| 無効手続き<br>cancellation<br>キャンセレイション | できます<br>Yes, we can.<br>イェス、ウィー　キャン | できません<br>No, we can't<br>ノー、　ウィー　キャント |
|---|---|---|

| ～に電話してください<br>Please call to ～.<br>プリーズ　コール　トゥ　～ | ～に行きたい<br>I want to go to ～.<br>アイ　ワントゥゴゥトゥ　～ |
|---|---|

| 日本領事館<br>Japanese Consulate<br>ジャパニーズ　コンソレーッ | 警察<br>the police<br>ザ　ポリース | 旅行会社<br>travel agent<br>トゥラヴェル　エージェンッ |
|---|---|---|

助けてー！
**HELP!**
ヘルプ

いらないよ！
**I don't want it!**
アイドン　ワンティッ

## 犯罪の種類

スリ
**pickpocket**
ピックポケッ

泥棒
**theft**
セフト

殴られた
**I was beaten.**
アイワズ　ビートゥン

だまされた
**I was cheated.**
アイワズ　チーティッド

交通事故
**car accident**
カー　アクシデン

レイプされた
**I was raped.**
アイワズ　レイプト

これは偽札です
**This is a counterfeit note.**
ディスイズァ　カウンターフィッノウト

台風
**typhoon**
タイフーン

洪水
**flooding**
フラディング

地震
**earthquake**
アースクゥェイク

停電
**blackout**
ブラックアウト

暴動
**riot**
ライオッ

日本語を話す人はいますか？
**Is there someone who can speak Japanese?**
イズ　ゼァー　サムワン　フー　キャン　スピーク　ジャパニーズ

落ちついて！
**Calm down!**
カーム　ダウン

心配しないで
**Don't worry.**
ドンッ　ウォーリー

# 薬・病院

薬が欲しいです
I need some medicine.
アイニード　サム　メディスン

薬を買ってきてもらえませんか？
Could you go and buy some medicine for me?
クジュゴウアンバイサム　メディスンフォミー

## 薬の種類

| | | |
|---|---|---|
| カゼ薬<br>cold medicine<br>コウルドゥ　メディスン | 胃腸薬<br>anti-nausea medicine<br>アンタィ　ノウジア　メディスン | 下痢止め<br>anti-diarrhea medicine<br>アンタィ　ダイアリィア　メディスン<br><br> |
| 目薬<br>eye drops<br>アイドロップス | 解熱剤<br>fever medicine<br>フィーバー　メディスン | 痛み止め<br>pain killer<br>ペインキラー |
| 湿布<br>plaster<br>プラスター<br> | 体温計<br>thermometer<br>サーモメター<br> | ばんそうこう<br>bandage<br>バンデイジ |

## 薬の飲み方

| | |
|---|---|
| 1日〜回<br>take one, ~ times a day.<br>テイク　ワン、〜タイムス　ア　デイ | 1回〜錠<br>take ~ tablet(s) at one time<br>テイク　〜　タブレッ(ツ)　アッ　ワン　タイム |

| | | |
|---|---|---|
| 食後に<br>after meals<br>アフター　ミールス | 食前に<br>before meals<br>ビフォー　ミールス | 就寝前<br>before bedtime<br>ビフォー　ベッタイム |

〜にアレルギーがあります
I'm allergic to ~.
アイム　アラァジックトゥー　〜

妊娠しています
I'm pregnant.
アイム　プレグネンッ

## 診察・治療

病院に行きたいのですが
I want to go to the hospital.
アイワントゥゴウトゥザ　ホスピタゥ

日本語は通じますか？
Do you understand Japanese?
ドゥユ　アンダスタン　ジャパニーズ

海外旅行保険に入っています
I have insurance.
アイ　ハバァ　インシューランス

～が必要です
You need ～.
ユーニード　～

注射
a shot
アショッ

点滴
IV (intravenous drip)
アイヴィー（インッラヴィーナスドリップ）

入院
hospitalization
ホスピタライゼイョン

検査
test
テスッ

手術
surgery
サージェリー

血液型
blood type
ブラッド　タイッ

心配いりません
It doesn't look like anything serious.
イッダズンッ　ルック　ライク　エニーシンッ　シリアス

安静にしてください
Please stay in bed.
プリーズ　ステイ　イン　ベッド

いくらですか？
How much is it?
ハウマッチ　イズイッ

～をください
May I have ～?
メー　アイ　ハブ　～

診断書
medical certificate
メディカル　サーティフィケーッ

領収書
receipt
レシーッ

処方箋
prescription
プリスクリプション

空港・ホテル　移動　観光　食事　買い物　仲良くなる　トラブル

# 症状を伝える

具合が悪い
I feel sick.
アイフィール　スィック

～が痛い
I have a pain in ～.
アイ　ハヴァ　ペイン　イン～

| | | |
|---|---|---|
| 吐き気がする<br>upset stomach<br>アプセッストマック | 下痢している<br>diarrhea<br>ダイアリィア | 食欲がない<br>I don't have an appetite.<br>アイドントハブ　アン<br>アペタイト |
| 熱がある<br>high fever<br>ハイ　フィーバー  | めまいがする<br>I feel dizzy.<br>アイ　フィール<br>ディズィ | カゼをひいた<br>I caught a cold.<br>アイ　コゥトァ<br>コウルド |
| 疲れた<br>I'm tired.<br>アイム　タイアード | 体がだるい<br>I feel tired.<br>アイ　フィール　タイアード | 胃が痛い<br>stomachache<br>ストマッケーク |
| 虫に刺された<br>I have a bug bite.<br>アイ　ハヴァ　バグバイッ | ネンザした<br>I strained my ankle.<br>アイ　ストレインド<br>マイ　アンクゥ  | 出血する<br>bleeding<br>ブリーディン |
| 生理痛<br>period pains<br>ピリオゥド　ペインズ | 貧血<br>anemia<br>アニィミア  | 骨折<br>fracture<br>フラクチ  |
| 虫垂炎<br>appendicitis<br>アッペンディサイティス | 日射病<br>sunstroke<br>サンストローク | 食中毒<br>food poisoning<br>フード　ポイズニング |

| | | | |
|---|---|---|---|
| 頭<br>head<br>ヘェーッ | おでこ<br>forehead<br>フォーヘェーッ | 目<br>eye(s)<br>アイ(ズ) | 耳<br>ear(s)<br>イアー(ス) |
| 鼻<br>nose<br>ノーズ | 口<br>mouth<br>マウス | 歯<br>teeth, tooth<br>トゥース、ティース | 舌<br>tongue<br>タン |
| 肩<br>shoulder<br>ショルダー | | | 首<br>neck<br>ネック |
| 腕<br>arm<br>アーム | | | ひじ<br>elbow<br>エルボー |
| 胸<br>chest<br>チェスト | | | 手首<br>wrist<br>リスト |
| 背中<br>back<br>バック | | | お腹<br>abdomen<br>アブドメン |
| 腰<br>lower back<br>ローワーバック | | | ひざ<br>knee<br>ニー |
| お尻<br>butocks<br>バトゥックス | 性器<br>genitals<br>ジーニタルス | 太もも<br>thigh<br>サイ | 足<br>foot, feet<br>フッ、フィーッ |
| 心臓<br>heart<br>ハーッ | 肺<br>lungs<br>ラングズ | 胃<br>stomach<br>ストマック | ぼうこう<br>bladder<br>ブラァダー |

# 日本語 ▸▸▸ 英語単語集

## あ行

**愛**
love
ラブ

**あいさつ**
greetings
グリーティングス

**空いている**
vacancy
ヴェーカンシー

**会う**
see, meet
スィー、ミーッ

**明るい**
bright
ブライッ

**秋**
fall
フォール

**憧れる**
aspire to, admire
アスパイアー　トゥー、アドマイアー

**麻**
hemp, linen
ヘンプ、リネン

**朝**
morning
モーニング

**痣**
bruise
ブルーズ

**あさって**
the day after tomorrow
ザ　デイ　アフター　トゥモロー

**味**
taste, flavor
テイスッ、フレーバー

**預かる**
keep
キープ

**預ける**
leave with
リーブィズ

**汗**
sweat
スウェッ

**遊び**
play
プレイ

**暖かい**
warm
ウァーム

**頭**
head
ヘェーッ

**厚い**
thick
シック

**熱い**
hot
ホット

**集める**
collect
コレクト

**宛名**
address
アァドレス

**後**
the back, later
ザ　バック、レイター

**油**
oil
オイル

**甘い**
sweet
スウィーッ

**雨**
rain
レイン

**アメリカ（合衆国）**
USA（United States of America）
ユーエスエー（ユナイテッド　ステーツ　オブ　アメリカ）

**謝る**
apologize
アポロジャイズ

**粗い**
rough
ラフ

**洗う**
wash
ウォッシュ

**アルバイト**
part-time job
パーッタイム　ジョブ

**アンケート**
questionnaire
クエスチョネァー

**安全**
safety, security
セーフティ、セキュリティー

**胃**
stomach
ストマック

**胃潰瘍**
stomach ulcer
ストマック　アルサー

この単語集は約1500語を収録しています。旅行者にとって必要度の高い言葉を厳選してあります。もう少しくわしい話をしたい、といった時にご活用ください。

**言う**
say, talk
セイ、トーク

**家**
house
ハウス

**イカ**
squid
スクゥイッ

**以下**
less than
レス　ザン

**以外**
except for, without
エクセプッ　フォー、ウィザウト

**怒る**
get angry
ゲッタングリー

**息**
breath
ブレス

**イギリス**
UK（United Kingdom）
ユーケー（ユナイテッド　キングダム）

**育児**
nursery
ナーサリ

**いくつ**
how many
ハウ　メニー

**いくら**
how much
ハウ　マッチ

**石**
stone
ストーン

**遺失物取扱所**
lost-and-found office
ロスッタンファウン　オフィス

**医者**
doctor
ドクター

**移住**
immigration
イミグレーション

**以上**
more than
モア　ザン

**忙しい**
busy
ビジー

**痛み**
pain
ペイン

**痛み止め**
pain killer
ペイン　キラー

**炒める**
stir-fry
スター　フライ

**1**
one
ワン

**1月**
January
ジャニュアリー

**移動する**
move
ムーブ

**以内**
not more than, within
ノッ　モア　ザン、ウィジン

**田舎**
countryside
カントリーサイド

**犬**
dog
ドッグ

**違反**
violation, offense
ヴァイオレーション、オフェンス

**違法の**
illegal, unlawful
イリーガル、アンローフォー

**今**
now
ナウ

**入れる**
put, pack in
プット、パッキン

**入口**
entrance
エントランス

**入れ替わる**
switch, replace
スウィッチ、リプレイス

**入れ物**
container
コンテイナー

**色**
color
カラー

**飲酒運転**
drink and drive
ドリンク　アンド　ドライブ

**インシュリン**
insulin
インシュリン

**インターネット**
**Internet**
インターネッ

**インチ**
**inch (es)**
インチ（ズ）

**インフルエンザ**
**flu**
フルー

**インフレ**
**inflation**
インフレーション

**ウイスキー**
**whiskey**
ウィスキー

**ウイルス**
**virus**
ヴァイラス

**ウーロン茶**
**oolong tea**
ウーロング　ティー

**上**
**the top**
ザ　トップ

**植木**
**plant**
プラント

**ウォッカ**
**vodka**
ヴォッカ

**雨季**
**rainy season**
レイニィ　シーズン

**受付**
**reception desk, information counter**
リセプション　デスク、インフォーメーション　カウンター

**受取人**
**recipient**
レシピエンッ

**後ろ**
**the back, the rear**
ザ　バック、ザ　リア

**後ろ向きに**
**turn back upon**
ターン　バック　アポン

**嘘**
**lie**
ライ

**歌**
**song**
ソング

**疑う**
**doubt**
ダウッ

**内側**
**inside**
インサイド

**内訳**
**details**
ディテールズ

**打身**
**bruise**
ブルーズ

**美しい**
**beautiful**
ビューティフォー

**訴える**
**sue, bring a suit**
スー、ブリング　ア　スーッ

**腕**
**arm**
アーム

**生まれる**
**be born**
ビー　ボーン

**海**
**ocean, sea**
オーシャン、スィー

**膿**
**puss**
パス

**裏返す**
**turn over**
ターン　オーバー

**裏生地**
**lining**
ライニング

**売る**
**sell**
セル

**売り切れ**
**sold out**
ソールド　アウッ

**売り出し**
**clearance sale**
クリアレンス　セール

**うんざりする**
**be disgusted**
ビー　ディスカステッド

**運賃**
**fare**
フェア

**運転する**
**drive, run**
ドライブ、ラン

**運転免許証**
**driver's license, driver's ID**
ドライバーズ　ライセンス、ドライバーズ　アイディー

**絵**
**painting**
ペインティング

**絵の具**
**paint**
ペインッ

**エアコン**
**air conditioner**
エア　コンディショナー

**映画館**
**movie theater**
ムービー　シアター

英語
English
イングリッシュ

エイズ
AIDS
エイズ

笑顔
smile
スマァイル

エステ
spa
スパァ

エビ
prawn
プラウン

選ぶ
choice
チョイス

延期する
postpone
ポースポーン

炎症
inflammation
インフラメーション

延長する
extend
エクステンッ

おいしい
delicious
デリシャス

嘔吐
vomit
ヴォミッ

大きい
big
ビッ

大雨
heavy rain
ヘビー　レイン

置く
put
プッ

置物
figure
フィギャー

屋上
roof
ルーフ

おしっこ
pee-pee
ピーピー

遅い
late, slow
レイト、スロー

落とす
drop, lose
ドロップ、ルーズ

落し物
lost article/item
ロスッ　アーティコー／アイテム

お茶
tea
ティー

お釣り
change
チェンジ

音
sound, noise
サウンッ、ノイズ

弟
younger brother
ヤンガー　ブラザー

男
man, male
マァン、メール

おととい
the day before yesterday
ザ　デイ　ビフォー　イェスタデー

大人
adult
アダァルッ

踊り
dancing
ダンシン

驚く
be surprised
ビー　サプラァズド

お腹
abdomen, tummy
アブドメン、タミィ

同じ
same, equal, even
セーム、イークォー、イーブン

溺れる
drown
ドゥラウン

お守り
charm, talisman
チャーム、タリスマン

おめでとう
congratulations!
コングラチュレーションス

重い
heavy
ヘビー

面白い
funny
ファニー

おもちゃ
toy
トイ

親
parent
ペアレント

泳ぐ
swim
スウィム

おおよそ
about
アバウッ

折る
break
ブレーク

折りたたむ
fold up
フォルド　アップ

折り曲げる
bend
ベンド

降りる
get down, get off
ゲッダウン、ゲットォフ

終わり
end, final
エンド、ファイナル

温泉
hot spring
ホッ　スプリング

温度
temperature
テンパチャー

温度計
thermometer
サーモメター

女
woman, female
ウーマン、フィーメール

# か行

蚊
mosquito
モスキートー

カーテン
curtain
カァトン

貝
shell
シェル

会員
member
メンバー

海外
overseas
オーバースィーズ

海岸
beach, seashore
ビーチ、シー　ショァー

開館時間
opening time
オゥプニング　タイム

会議
meeting, conference
ミーティング、コンフェレンス

開業する
set up
セッタップ

解決する
settle, solve
セトー、ソーブ

解雇
dismissal
ディスミッサゥ

外国人
foreigner
フォーリナー

改札口
ticket gate
ティケッ　ゲイト

解散
break up
ブレーカップ

会社
company
カンパニ

会社員
office worker
オフィス　ワーカー

海草
seaweed
シーウィード

階段
steps, stairs
ステップス、ステァース

解凍
defrost
デフロスッ

開発
development
デベロップメント

会費
membership fee
メンバーシップ　フィー

潰瘍
ulcer
アルサー

会話
conversation
コンバーセーション

買う
buy
バイ

買い物
shopping
ショッピン

帰る
back home
バック　ホーム

変える
change
チェンジ

顔
face
フェース

価格
value, price
バリュー、プライス

かかと
heel
ヒール

鏡
mirror
ミラー

カギ
key
キィ

カギをかける
lock
ロック

書留
registered mail
レジスタァード　メール

かきまぜる
stir
スター

書く
write
ライッ

学生
student
ストゥーデント

賭けごと
gambling
ギャンブリング

カサ
umbrella
アンブレッラ

火山
volcano
ボルケーノ

菓子
sweets
スウィーツ

火事
fire
ファイヤー

歌詞
lyrics
リリックス

かしこい
smart
スマーッ

カジノ
casino
カシーノ

歌手
singer
シンガー

貸す
lend
レンッ

数
numbers
ナンバァース

風
wind
ウィンドゥ

風邪
cold
コールド

乾燥した
dried
ドラァイド

数える
count
カウンッ

家族
family
ファミリー

ガソリン
gasoline
ギャソリン

ガソリンスタンド
gas station
ギャス　ステイション

硬い
hard
ハード

かたづける
clean up
クリーナップ

片道
one way
ワン　ウェイ

片道切符
one-way ticket
ワン　ウェイ　ティケッ

価値がある
valuable
バリュアボー

勝つ
win
ウィン

カッコイイ
cool
クーゥ

学校
school
スクール

蚊取り線香
mosquito coil
モスキートー　コイゥ

カソリック
Catholic
キャソリック

悲しい
sad
サァード

必ず
surely
シュアリー

カニ
crab
クラッブ

金持ち
rich
リッチ

可能
possible
ポッシボー

彼女
she
シー

彼女（交際している）
girlfriend
ガールフレェンッ

カバン
bag
バァグ

株
stock
ストック

株式会社
corporation
コーポレーション

カボチャ
squash
スクァッシ

我慢する
stand
スタァンド

紙
paper
ペーパー

髪
hair
ヘアー

神
god
ゴッド

カミソリ
razor
レェーザー

亀
turtle
タートー

カメラ
camera
キャメラ

鴨
duck
ダック

粥
porridge
ポレッジ

かゆい
itchy
イッチー

火曜日
Tuesday
チューズデー

辛い
spicy, hot
スパイシー、ホッ

ガラス
glass
グラース

からだ
body
ボディー

借りる
borrow
ボロー

軽い
light
ライッ

彼
he
ヒー

彼氏
boyfriend
ボーイフレェンッ

彼ら
they
ゼイ

カレンダー
calendar
キャレンダー

皮
skin, leather
スキン、レザー

川
river
リバー

かわいい
cute, pretty
キューッ、プリティー

かわいそう
poor, pity
ポァー、ピティー

乾く
dry
ドライ

乾季
dry season
ドライ　シーズン

変わる
change
チェンジ

ガン
cancer
キャンサー

肝炎
hepatitis
ヘパタイティス

眼科
ophthalmology
オフサルモロジー

考える
think
シンク

環境破壊
environmental destruction
エンバイアメンタァル　ディストラクション

環境問題
environmental issue
エンバイアメンタァル　イッシュー

観光
sightseeing
サイッシーイング

**観光客**
**tourist**
トゥーリスッ

**観光地**
**tourist spot**
トゥーリズム　スポッ

**看護師**
**nurse**
ナゥース

**患者**
**patient**
ペーシェンッ

**感謝する**
**appreciate, thank**
アプリーシエーッ、サンク

**感心する**
**impressed**
インプレスド

**肝臓**
**liver**
リバー

**簡単**
**easy**
イージー

**懐中電灯**
**flashlight**
フラッシュライッ

**乾杯**
**cheers**
チアース

**缶ビール**
**canned beer**
キャンド　ビアー

**漢方薬**
**Chinese medicine**
チャイニーズ　メデスン

**木**
**tree**
ツリー

**黄色**
**yellow**
イェロー

**気温**
**temperature**
テンパチャー

**気が合う**
**get along with**
ゲタロォング　ウィズ

**気を失う**
**faint**
フェインッ

**気をつける**
**take care of**
テイク　ケァー　オブ

**着替える**
**change clothes**
チェンジ　クローズ

**期間**
**term**
ターム

**気管支炎**
**bronchitis**
ブロンカイティス

**聞く**
**listen**
リッスン

**期限**
**period**
ピリオド

**機嫌がいい**
**in a good mood**
インナ　グッムード

**気候**
**climate**
クライメイト

**帰国**
**come home**
カム　ホーム

**既婚**
**married**
メリード

**期日**
**due date**
ドゥー　デイト

**キス**
**kiss**
キス

**傷**
**wound**
ウゥンド

**傷つける**
**hurt**
フート

**規制**
**regulation**
レギュレーション

**季節**
**season**
シーズン

**規則**
**rule**
ルール

**北**
**north**
ノース

**きたない**
**dirty**
ダーティー

**基地**
**base**
ベース

**貴重品**
**valuables**
バリュアボーズ

**きつい**
**tight**
タイッ

**喫茶店**
**coffee shop**
コフィー　ショップ

**切手**
**stamps**
スタンプス

**機内持ち込み**
**carry-on**
キャリー　オン

記入する
fill in
フィリン

絹
silk
シルク

記念
memorial
メモリァール

記念日
anniversary
アニバーサリー

昨日
yesterday
イェスタデー

寄付する
donate
ドーネート

気分がいい
feel good
フィール　グー

気分が悪い
feel bad
フィール　バッ

希望する
hope
ホープ

義務
duty
デューティー

気持ちいい
feel good
フィール　グー

気持ち悪い
feel bad
フィール　バッ

疑問（疑い）
doubt
ダウト

客
guest
ゲスト

キャッシュカード
ATM card
エーティーエム　カード

キャンセルする
cancel
キャンセル

キャンセル待ち
waiting
ウェイティング

休暇
vacation
ベケーション

救急救命室
emergency room, ER
エマージェンシー　ルーム、イー　アール

救急車
ambulance
アンビュランス

休憩
rest
レスト

急行
express
エクスプレス

休日
holiday
ホリデー

旧跡
historic site
ヒストリック　サイッ

牛肉
beef
ビーフ

牛乳
milk
ミルク

キュウリ
cucumber
キューカンバー

給料
payroll
ペイロー

教育
education
エジュケーション

教会
church
チャーチ

行儀がいい
polite
ポライッ

競技場
stadium
ステーディアム

狂犬病
rabies
レイビース

教師
teacher, instructor
ティーチャー、インストラクター

行事
events
イヴェンツ

兄弟
brother
ブラザー

共同
shared
シェアード

郷土料理
local food
ローコー　フー

今日
today
トゥデイ

興味がある
interested in
インタレステッディン

許可
permission
パーミッション

去年
last year
ラスチアー

距離
distance
ディスタンス

嫌う
hate
ヘイト

キリスト教
Christianity
クリスチァニティー

キリスト教徒
Christian
クリスチャン

切る
cut
カッ

着る
wear,put on
ウェアー、プットォン

きれいな
beautiful, pretty
ビューティフォー、プリティー

キログラム
kilogram
キログラァム

キロメートル
kilometer
キィロメター

禁煙する
quit smoking
クィッ　スモーキン

禁煙席
non-smoking (table)
ノン　スモーキン（テーボー）

近眼
near sighted
ニア　サイテッド

緊急
urgent
アージェント

銀行
bank
バンク

禁止
prohibited
プロヒビテッド

金髪
blonde
ブローン

勤勉な
hard-working
ハード　ワーキン

金曜日
Friday
フライデイ

食いしんぼう
glutton
グロッテン

空港
airport
エアポーッ

空港税
airport tax
エアポーッ　タックス

偶然
coincidence
コインシデンス

クーラー
air conditioner
エア　コンディショナー

9月
September
セプテンバー

クギ
nail
ネイル

草
grass
グラース

くさい
stinky
スティンキー

腐る
spoil
スポイル

腐りやすい
spoil easily
スポイル　イージリー

くし（串）
skewer
スキュアー

苦情を言う
complain
コンプレーン

薬
medicine
メディスン

薬屋
pharmacy
ファーマシー

くだもの
fruit
フルーツ

口
mouth
マウス

口紅
lipstick
リップスティック

靴
shoes
シューズ

靴屋
shoe store
シュー　ストァー

靴下
socks
ソックス

国
country
カントリー

クーポン
coupon
クーポン

クモ
spider
スパイダー

**雲**
**cloud**
クラァウド

**くもり**
**cloudy**
クラウディー

**くらげ**
**jellyfish**
ジェリーフィッシュ

**クラシック**
**classical music**
クラシカル　ミュージック

**クラスメート**
**classmate**
クラースメーッ

**グラム**
**gram**
グラァム

**クリーニング**
**dry cleaning**
ドライ　クリーニン

**くり返す**
**repeat**
リピーッ

**クリスマス**
**Christmas**
クリスマス

**来る**
**come**
カム

**クルーズ**
**cruise**
クルーズ

**車イス**
**wheelchair**
ウィールチェア

**クレジットカード**
**credit card**
クレディッ　カード

**黒い**
**black**
ブラック

**苦労する**
**suffer**
サファ

**くわしい**
**familiar**
ファミリァー

**軍隊**
**military**
ミリタリー

**毛**
**hair, wool, fur**
ヘァー、ウール、ファー

**毛皮**
**fur coat**
ファー　コーッ

**計画**
**plan**
プラァン

**警察署**
**police department**
ポリース　ディパートメンッ

**警察官**
**police officer**
ポリース　オフィサー

**警察**
**police**
ポリース

**計算する**
**calculate**
キャルキュレーッ

**芸術**
**art**
アーッ

**携帯電話**
**cell phone**
セル　フォン

**競馬**
**horse racing**
ホース　レーシン

**経費**
**expense**
エクスペンス

**契約書**
**contract**
コントゥラクッ

**ケーキ**
**cake**
ケーク

**ゲーム**
**game**
ゲーム

**ケガ**
**injury**
インジュリー

**外科**
**surgery**
サージェリー

**劇**
**drama**
ドゥラマ

**下剤**
**laxative**
ラクサティブ

**景色**
**scenery**
シーナリー

**消しゴム**
**eraser**
イレーサー

**化粧する**
**apply make up**
アプラァイ　メーカップ

**化粧品**
**cosmetics**
コスメティックス

**血圧**
**blood pressure**
ブラッド　プレッシャー

**血液型**
**blood type**
ブラッド　タイッ

**結果**
**result**
リザァルッ

結核
tuberculosis
トゥーバーキュローシス

月経
period
ピリオド

結婚
marriage
マリッジ

結婚式
wedding
ウェディン

結婚指輪
wedding ring
ウエディング　リング

月曜日
Monday
マンデー

解熱剤
fever medicine
フィーバー　メディスン

下痢
diarrhea
ダイアリィア

下痢どめ
anti-diarrhea
アンタイ　ダイアリィア

見学する
observe
オブザーブ

ケンカする
argue
アーギュー

健康
health
ヘルス

原産地
place of origin
プレース　オブ　オリジン

研修
training
トゥレーニン

現地の
local
ローコー

5月
May
メイ

恋
love
ラブ

恋人
lover, steady
ラバー、ステディー

公園
park
パーク

硬貨
coin
コイン

郊外
suburb
サバーブ

後悔する
regret
リグレッ

豪華な
luxurious
ラグジュリアス

交換する
exchange
エクスチェンジ

交渉する
negotiate
ネゴーシエーッ

抗議する
protest
プローテスッ

工業
industry
インダストゥリー

航空券
airline ticket
エアライン　ティッケッ

航空会社
airline
エアライン

航空便
airmail
エアー　メェール

高血圧
high blood pressure
ハイ　ブラッド　プレッシャー

高校
high school
ハイスクール

広告
advertisement
アドゥバタイズメンッ

口座番号
account number
アカウンッ　ナンバー

交差点
intersection
インターセクション

工場
factory
ファクトゥリー

工事
construction
コンストラクション

工事中
under construction
アンダー　コンストラクション

公衆電話
pay phone
ペイ　フォン

公衆トイレ
public restroom
パブリック　レスト　ルーム

香辛料
spice
スパイス

香水
perfume
パーフューム

香草
herb
アーブ

高層ビル
skyscraper
スカイスクレーパー

高速道路
highway
ハイウェイ

紅茶
tea
ティー

交通事故
traffic accident
トゥラフィック　アクシデンッ

強盗
burglar
バーグラー

幸福
happiness
ハピネス

公務員
public servant
パブリック　サーバン

肛門
anus
エイナス

氷
ice
アイス

凍る
freeze
フリーズ

コーラ
cola
コーラ

小切手
check
チェック

ゴキブリ
cockroach
カクローチ

国際電話
overseas call
オーバーシース　コール

国籍
nationality
ナショナリティー

国立公園
national park
ナショナル　パーク

国境
border
ボーダー

午後
afternoon
アフターヌーン

コショウ
pepper
ペパー

故障する
broken
ブロークン

小銭
small change
スモール　チェンジ

午前
morning
モーニング

コック
cook
クック

骨折
break a bone
ブレーク　ア　ボーン

小包
parcel
パーセル

コップ
cup
カップ

今年
this year
ジス　イアー

子ども
children
チルドレン

子どもサイズ
kid's size
キッズ　サイズ

断る
refuse
リフューズ

粉ミルク
baby's formula
ベェービーズ　フォーミュラ

コピーする
make a copy
メーカ　コピー

困る
puzzle
パゾー

ゴミ
garbage, trash
ガーベッジ、トラッシュ

ゴミ箱
trash can
トラッシュ　キャン

小麦粉
flour
フラワー

米
rice
ライス

ゴルフ
golf
ゴォフ

これ
this
ディス

コレラ
cholera
コレラ

ころぶ
fall down
フォール　ダウン

こわす
break
ブレーク

こわれる
broken
ブロークン

コンサート
concert
コンサーッ

混雑する
crowded
クラウデッド

今週
this week
ジス　ウィーク

コンセント
outlet
アウッレッ

コンタクトレンズ
contact lenses
コンタァクッ　レンズ

コンドーム
condom
コンドム

コンピューター
computer
コンピューター

婚約する
engaged
エンゲージド

婚約指輪
engagement ring
エンゲージメント　リング

# さ行

最悪
worst
ワースト

最近
recently
リーセントリー

最後
the last
ザ　ラァスッ

最高の
best
ベスト

最新
latest
レイテスト

再会する
meet again
ミータゲン

再発行
re-issue
リ　イッシュー

細菌
bacteria
バクテリア

サイクリング
cycling
サイクリン

祭日
holiday
ホリデー

最終列車
last train
ラスト　トレイン

最低料金
minimum fee
ミニマム　フィー

サイフ
wallet
ウォレッ

材料
material
マティリアル

サイン
signature
シグニチャー

サウナ
sauna
サーナ

探す
look for
ルック　フォー

魚
fish
フィッシュ

先払い
prepayment
プリペイメント

咲く
bloom
ブルーム

昨晩
last night
ラスッ　ナァイ

サクラ
cherry blossom
チェリー　ブロッソム

酒
liquor
リカァ

差出人
sender
センダー

刺身
sashimi
サシミ

座席
seat
スィーッ

座席番号
seat number
スィーッ　ナンバー

さそう
**invite**
インヴァイッ

撮影禁止
**no photography**
ノー　フォトグラフィ

撮影可
**photographs permitted**
フォトグラフス　パーミテッド

サッカー
**soccer**
サカァ

さっき
**just before**
ジャスッ　ビフォア

雑誌
**magazine**
マガズィン

砂糖
**sugar**
シュガー

砂漠
**desert**
デザーッ

さびしい
**lonely**
ロンリー

さむい
**cold**
コールド

皿
**dish**
ディシュ

サラダ
**salad**
サレッ

3月
**March**
マーチ

算数
**arithmetic**
アリスマティック

サンダル
**sandals**
サンドース

サンドイッチ
**sandwich**
サンドゥイッチ

残念
**pity**
ピティー

産婦人科
**obstetrics and gynecology (OB-GYN)**
オブステッリックス　アン　ジネコロギー　（オブ　ジン）

散歩する
**take a walk**
テイカ　ウォーク

試合
**game**
ゲーム

しあわせ
**happiness**
ハッピネス

シーツ
**sheets**
シーツ

CD
**CD**
シーディー

寺院
**temple**
テンポー

ジーンズ
**jeans**
ジーンズ

塩
**salt**
ソォルッ

塩からい
**salty**
サァルティー

市外局番
**area code**
エリア　コード

しかし
**but**
バッ

4月
**April**
エープリル

時間
**time**
タイム

四季
**four seasons**
フォー　シーゾンス

試験
**examination**
エグザミネーション

事故
**accident**
アクシデンッ

時刻表
**timetable**
タイム　テーボー

仕事
**job, business, occupation**
ジョブ、ビズネス、オキュペーション

時差
**time difference**
タイム　ディファレンス

施設
**facility**
ファシリティー

舌
**tongue**
タン

下
**bottom, below**
ボトム、ベロー

仕立てる
**tailor**
テイラー

**7月**
**July**
ジュライ

**試着する**
**try on**
トライ　オン

**失業する**
**lose one's job**
ルーズ　ワンズ　ジョブ

**しつこい**
**pushy**
プシィ

**失敗**
**failure**
フェイリュアー

**湿布**
**plaster**
プラスター

**質問**
**question**
クェスチョン

**自転車**
**bicycle**
バイシコゥー

**自動車**
**car**
カー

**自動販売機**
**vending machine**
ヴェンディング　マシーン

**支配人**
**manager**
マネージャー

**耳鼻咽喉科**
**ENT**
イーエヌティ

**持病**
**chronic illness**
クロニク　イウネス

**しびれる**
**numb**
ナム

**紙幣**
**bill**
ビル

**脂肪**
**fat**
ファッ

**島**
**island**
アイランド

**姉妹**
**sister**
シスター

**しまう**
**put away**
プッタウェー

**自慢する**
**proud**
プラウド

**地味な**
**plain**
プレーン

**ジャガイモ**
**potato**
ポテェイトー

**写真**
**picture**
ピクチャー

**社長**
**company president**
カンパニー　プレジデンッ

**シャツ**
**shirt**
シャーッ

**シャワー**
**shower**
シャワー

**シャンプー**
**shampoo**
シャンプー

**10月**
**October**
オクトーバー

**11月**
**November**
ノーヴェンバー

**12月**
**December**
ディッセンバー

**自由席**
**non-reserved seat**
ノン　リザーブド　スィーッ

**渋滞**
**traffic jam**
トゥラッフィク　ジャム

**重体**
**critical condition**
クリティカル　コンディション

**集中力**
**power of concentration**
パワー　オブ　コンセントゥレーション

**充分**
**enough**
イナッフ

**修理する**
**fix**
フィックス

**授業**
**class**
クラァース

**宿題**
**homework, assignment**
ホームワーク、アサインメント

**宿泊客**
**hotel guest**
ホテェル　ゲスッ

**手術**
**surgenry**
サージェンリー

**出血**
**bleeding**
ブリーディング

出国
leave a country
リーバ　カントリー

出産
delivery
デリバリー

出発する
departure
ディパーチャー

出発時間
departure time
ディパーチャー　タイム

首都
capital city
キャピタル　シティー

主婦
housewife
ハウスワイフ

趣味
hobby
ホビー

紹介する
introduce
イントゥロデゥース

正月
New Year's Day
ニュー　イヤーズ　デイ

小学校
elementary school
エレメンタリー　スコゥール

消化不良
indigestion
インディジェスチャン

乗客
passenger
パッセンジャー

正午
noon
ヌーン

上司
superior, boss
スピリアー、ボス

正直
honest
オネスッ

少女
girl
ガール

上手
good at
グーダット

少数民族
minority group
マイノリティ　グループ

招待
invite
インヴァイッ

消毒
disinfection
ディスインフェクション

少年
boy
ボォイ

商売
business
ビジネス

商品
merchandise
マーチェンダイス

上品
elegance
エレガンス

じょうぶ
tough
タフ

情報
information
インフォーメーション

消防車
fire engine
ファイヤー　エンジン

賞味期限
expiration date
エクスパイレイション　デイト

証明書
certificate
サーティフィケーッ

しょうゆ
soy sauce
ソイ　ソース

将来
future
フューチャー

使用料
charge
チャージ

食事
meal
ミール

食堂
dinning room
ダイニング　ルーム

植物
plant
プランッ

女性
woman,female
ウーマン、フィーメール

書類
documents
ドキュメンツ

しらべる
search
サーチ

知る
know
ノー

知らない
don't know
ドン　ノー

白
white
ワイッ

進学する
advance
アドバンス

神経
nerve
ナーブ

人口
population
ポピュレーション

申告
declaration
デクラレーション

新婚
newlywed
ニューリーウェッド

新婚旅行
honeymoon
ハニムーン

診察
consultation
コンサルテーション

真珠
pearl
パール

信じる
believe
ベリーブ

申請
application
アプリケーション

親切
kind
カァインド

新鮮
fresh
フレッシュ

心臓
heart
ハーッ

腎臓
kidney
キッニー

身体障害者
disabled
ディスエイブッド

心配する
worry about
ウォーリー　アバウッ

新聞
newspaper
ニュースペーパー

じんましん
rash
ラァシュ

親友
best friend
ベスト　フレンド

酢
vinegar
ヴィネガー

水洗トイレ
flush toilet
フラッシュ　トイレッ

スイッチ
switch
スウィッチ

水道
water pipe
ウァーター　パイプ

水道水
tap water
タップ　ウォーター

水曜日
Wednesday
ウエンズデー

吸う（タバコを）
smoke
スモーク

数字
numbers
ナンバァース

スーツ
suit
スーッ

スーツケース
luggage
ラゲージ

スーパーマーケット
supermarket
スーパーマーケッ

スープ
soup
スープ

スカート
skirt
スカーッ

好き
like
ライク

すぐに
immediately
イミーディエッリー

すこし
little bit, a few of ～
リロビッ、ア　フュー　オブ～

すずしい
cool
クー

スター
star
スター

頭痛
headache
ヘデェック

すっぱい
sour
サワー

ステーキ
steak
ステーク

捨てる
throw away
スロウ　アウェー

ストッキング
pantyhose
パンティーホーズ

スニーカー
sneakers
スニーカァース

しゅ～すに

すばらしい
wonderful
ワンダフォー

スピード
speed
スピーッ

ズボン
pants
パァンツ

炭
charcoal
チャーコー

すみません
Excuse me.
エクスキューズ　ミー

スリ
pickpocket
ピックポケッ

すわる
sit
スィッ

寸法
measurement
メジャーメンッ

請求する
ask for
アスク　フォー

請求書
bill
ビル

税金
tax
タックス

清潔な
clean
クリーン

制限
limitation
リミテイション

精神科
psychiatry
サイカイアトゥリー

ぜいたくな
luxurious
ラグジュリアス

生徒
student
ストゥーデント

生年月日
date of birth
デーットブ　バース

生理用ナプキン
sanitary napkin
サニタリー　ナプキンス

セーター
sweater
スウェター

セールスマン
salesman
セールスマン

席
seat
スィー

咳
cough
コォフ

責任がある
responsible for
リスポンシボー　フォー

赤痢
dysentery
ディセンターリー

セクシー
sexy
セクシー

セッケン
soap
ソープ

セットメニュー
combo
コンボ

説明する
explain
エクスプレーン

節約する
save
セーブ

せまい
narrow
ナロー

ゼロ
zero
ゼィロ

千
thousand
サウザンド

全員
everybody
エブリボディー

洗顔
wash one's face
ウォッシュ　ワンズ　フェース

洗剤
detergent
ディタージェント

先生
teacher, instructor
ティーチャー、インストラクター

喘息
asthma
アズマ

洗濯する
do laundry
ドゥ　ラウンドリー

栓抜き
bottle opener
ボトー　オープンナー

全部
everything
エブリシン

そうじ
clean up
クリーナップ

ソース
sauce
ソース

**速達**
express mail
エクスプレス　メール

**底**
bottom
ボトム

**素材**
material
マテリアル

**卒業**
graduation
グラジュエーション

**外**
outside
アウッサァイ

**空**
sky
スカァイ

**剃る**
shave
シェーブ

**損害**
damage
ダァメージ

**尊敬する**
respect
リスペクッ

# た行

**ダース**
dozen
ダズン

**退院**
discharge
ディスチャージ

**ダイエット**
diet
ダイエッ

**体温**
body temperature
ボディー　テンパチャー

**体温計**
clinical thermometer
クリニカァル　サーモメター

**大学**
university, college
ユニヴァーシティー、カレッジ

**大学生**
college student
カレッジ　ストゥーデント

**大工**
carpenter
カーペンター

**大使館**
embassy
エンバシー

**体重**
body weight
ボディー　ウェイッ

**退職**
retire
リタイヤー

**大切**
important
インポータンッ

**態度がよい**
good attitude
グッ　アティテュー

**太平洋**
Pacific Ocean
パシフィック　オーシャン

**台風**
Typhoon
タイフーン

**ダイヤモンド**
diamond
ダイアモォンド

**太陽**
sun
サン

**大陸**
continent
コンティネンッ

**タオル**
towel
タウォル

**高い（高さ）**
high
ハァイ

**高い（値段）**
expensive
エクスペンシィブ

**宝くじ**
lottery ticket
ロッテリー　ティケッ

**炊く**
cook
クック

**抱く**
hold
ホールド

**たくさんの**
many of ～
メニー　オブ　～

**タクシー**
taxi
タクシー

**タクシー乗り場**
taxi stand
タクシー　スタンッ

竹
bamboo
バンブー

タコ
octopus
オクトパス

たすける
help
ヘルプ

ただしい
right
ライッ

立入禁止
do not enter
ドゥー　ノッ　エンター

脱毛
hair removal
ヘアー　リムーバァル

建物
building
ビルディング

建てる
build
ビルッ

他人
others
アザース

たのしい
fun
ファン

たのしむ
enjoy
エンジョイ

たのむ
ask
アスク

タバコ
cigarette
シガレッ

タバコを吸う
smoke a cigarette
スモーカ　シガレッ

ダブルルーム
double room
ダボー　ルーム

食べる
eat
イーッ

食べ物
food
フード

タマゴ
egg
エッグ

玉ネギ
onion
オニオン

試す
try
トゥライ

痰
phlegm
フレム

短期
short term
ショーッ　ターム

炭酸
carbonated
カーボネイテッド

炭酸飲料
soda
ソーダ

誕生日
birthday
バースデー

男性
man,male
マァン、メール

団体
group
グループ

暖房
heater
ヒーター

血
blood
ブラッド

痔
hemorrhoids
ヘモロイド

治安が良い
safe
セーフ

治安が悪い
unsafe
アンセーフ

小さい
small
スモール

チェックアウト
checkout
チェックアウ

チェックイン
check-in
チェッキン

地下
basement
ベースメンッ

近い
near
ニア

違う
wrong
ゥロング

遅刻する
be late
ビー　レイト

地図
map
マァップ

父
father
ファザー

茶
tea
ティー

茶色
brown
ブラウン

茶わん
bowl
ボウル

チャーター
charter
チャーター

着陸
landing
ランディンッ

注意
attention
アテンチョン

中学校
middle school
ミドォースクール

中止
discontinued, stopped
ディスコンティニュード、ストップド

注射
injection
インジェクション

駐車する
park
パーク

駐車禁止
no parking
ノー　パーキング

駐車場
parking lot
パーキング　ロッ

昼食
lunch
ランチ

中心
center
センター

注文する
order
オーダー

腸
intestines
インテステンス

朝食
breakfast
ブレクファスト

調味料
seasoning
シーゾニング

治療する
treat
トゥリーッ

鎮痛剤
pain killer
ペイン　キラー

ツアー
tour
トゥアー

追加する
add
アッドゥ

通貨
currency
カレンシー

通訳する
translate
トゥランスレーッ

使う
use
ユーズ

捕まる
catch
キャッチ

疲れる
tired
タイヤード

月
moon
ムーン

続く
continue
コンティニュー

続ける
go on
ゴー　オン

包む
wrap
ラップ

つまらない
boring
ボーリンッ

罪
sin
シン

爪きり
nail clipper
ネイル　クリッパー

つめたい
cold
コールド

つよい
strong
ストゥロング

つらい
difficult
ディフィカルッ

つり銭
change
チェンジ

手
hand
ハン

Tシャツ
T (-shirt)
ティー（シャーッ）

ディスコ
disco, nightclub
ディスコ、ナイックラブ

ていねい
polite
ポライッ

テーブル
table
テーボー

でかける
**go out**
ゴー　アウッ

手紙
**letter**
レター

～できる
**can**
キャン

～できない
**cannot**
キャンノッ

出口
**exit**
エグジッ

デザート
**dessert**
デザァト

手数料
**charge**
チャージ

鉄
**iron**
アイロン

手伝う
**help**
ヘルプ

手続き
**procedure**
プロシージャー

鉄道
**railway**
レールウェー

テニス
**tennis**
テニス

手荷物
**baggage**
バッゲージ

デパート
**department store**
デパートメント　ストア

出る
**go out**
ゴー　アウッ

テレビ
**TV**
ティービー

店員
**sales clerk**
セールス　クラーク

天気
**weather**
ウェザー

電気
**electricity**
エレクトリシティ

電圧
**voltage**
ヴォルテージ

天気予報
**weather forecast**
ウェザー　フォーキャスッ

伝言
**message**
メッセージ

天井
**ceiling**
シーリン

添乗員
**tour conductor**
トゥアー　コンダクター

伝染病
**infectious disease**
インフェクシャス　ディジーズ

電卓
**calculator**
キャルキュレーター

電池
**battery**
バッテリー

電灯
**lighting**
ライティング

伝統的
**traditional**
トゥラディショナァル

電話
**telephone**
テレフォーン

電話する
**make a phone call**
メーカァ　フォンコール

電話帳
**phone book**
フォン　ブッ

電話番号
**phone number**
フォン　ナンバー

ドアー
**door**
ドア

トイレ
**restroom**
レスト　ルーム

トイレットペーパー
**bathroom tissue**
バスルーム　ティシュー

とうがらし
**hot pepper**
ホッ　ペパー

陶器
**china**
チャイナ

投資
**investment**
インヴェスメンッ

搭乗券
**boarding pass**
ボーディング　パス

搭乗時間
**boarding time**
ボーディング　タイム

到着する
**arrive**
アライブ

到着時刻
arrival time
アライバル　タイム

盗難
robbed
ロブッ

盗難証明書
theft report
セフト　リポート

糖尿病
diabetes
ダイビーティーズ

豆腐
tofu
トーフー

同封する
enclose
エンクローズ

動物園
zoo
ズー

トウモロコシ
corn
コーン

登録する
register
レジスター

道路地図
road map
ロード　マップ

道路標識
traffic sign
トゥラフィック　サイン

遠い
far
ファー

トースト
toast
トースト

通り
street
ストリート

毒
poison
ポイズン

得意
be good at
ビー　グッダット

読書
reading
リーディン

独身
single
シンゴー

特別
special
スペッシャル

時計（腕時計）
watch
ウァッチ

時計
clock
クロック

時計（壁掛け時計）
wall clock
ウォール　クロック

歳上の
elder
エルダー

歳下の
younger
ヤンガー

歳とった
old
オールド

図書館
library
ライブラリー

特産物
special product
スペシャル　プロダクッ

特急列車
limited express
リミテッド　エクスプレス

隣
next to
ネクス　トゥ

徒歩で
on foot
オン　フッ

止まる
stop
ストップ

泊まる
stay
ステイ

ドミトリー
dormitory
ドミトリー

友達
friends
フレンズ

土曜日
Saturday
サタデー

トラ
tiger
タイガー

ドライクリーニング
dry cleaning
ドゥライ　クリーニン

ドライヤー
hair drier
ヘア　ドライア

トラック
pick-up truck
ピッカップ　トゥラック

トラブル
trouble
トラブゥ

トラベラーズチェック
traveler's check
トラヴェラーズ　チェック

トランプ
playing cards
プレイン　カーズ

鳥
bird
バード

とり替える
exchange
エクスチェンジ

とり消し料
cancellation fee
キャンサレイション　フィー

とり消す
cancel
キャンセル

とり肉
chicken
チキン

取る
take
テイク

ドル
dollar
ダラー

泥棒
robber
ロバー

トンネル
tunnel
タナゥル

# な行

内線
extension
エクステンション

直す
fix, repair
フィックス、リペアー

治る
cure
キュアー

中
middle
ミドゥー

長い
long
ロング

眺めがいい
nice view
ナイス　ビュー

ながれる
flow
フロウ

なくす
to lose something
トゥ　ルーズ　サムシン

なぐる
punch
パンチ

投げる
throw
スロウ

ナス
eggplant
エッグプランッ

夏
summer
サマー

夏休み
summer vacation
サマー　ベケーション

なつかしい
nostalgic
ノスタゥジッ

ナベ
pot
ポッ

名前
name
ネーム

涙
teardrop
ティアードロップ

慣れる
be used to
ビー　ユース　トゥー

2月
February
フェビュアリー

にがい
bitter
ビター

にぎやかな
noisy
ノイジィー

肉
meat
ミート

肉屋
butcher
ブッチャー

にげる
run away
ランナウェー

西
west
ウェスッ

ニセモノ
fake
フェーク

日曜日
Sunday
サンデー

似ている
look like
ルック　ライク

荷物
luggage, baggage
ラゲージ、バッゲージ

入国
enter a country
エンター　ア　カントリー

入学
enroll
エンロール

入場料
admission fee
アドミッション　フィー

ニュース
news
ニュース

尿
urine
ユリン

庭
garden
ガーデン

ニワトリ
chicken
チキン

人気がある
popular
ポピュラー

人気がない
unpopular
アンポピュラー

人形
doll
ドー

妊娠
pregnancy
プレグナンシー

妊婦
pregnant
プラグネンッ

にんにく
garlic
ガーリック

抜く
pull out
プル　アウッ

脱ぐ
take off
テーコフ

盗む
steal
スティール

布
cloth
クロス

塗る
paint
ペインッ

値打ちがある
worth
ウォース

ネギ
green onion
グリーン　オニオン

ネコ
cat
キャッ

ネズミ
mouse
マウス

値段
price
プライス

熱がある
have a fever
ハバ　フィーバー

値引きする
discount
ディスカウンッ

寝坊する
oversleep
オーバースリープ

ねむくなる
drowsiness
ドラウジネス

寝る
sleep
スリープ

年金
pension
ペンション

ネンザする
sprain
スプレェーン

脳
brain
ブレーン

農業
agriculture
アグリカルチャー

望む
hope
ホープ

のどが乾く
thirsty
サースティー

登る
climb
クラァイム

飲む
drink
ドゥリンク

飲み物
drink, beverage
ドゥリンク、ベヴァレージ

乗り物酔い
motion sickness
モーション　シックネス

乗る
ride
ライド

乗り換える
transit
トランジット

# は行

歯
tooth, teeth
トゥース、ティース

歯医者
dentist
デンティスト

パーティー
party
パーティー

バーベキュー
BBQ
バーベキュー

パーマ
perm
パェーム

肺
lungs
ラングズ

肺炎
pneumonia
ニューモーニア

～倍
times
タァイムス

はい（肯定）
yes
イェス

ハイキング
hiking
ハイキン

灰皿
ashtray
アストレー

パイナップル
pineapple
パイナッポー

俳優
actor, actress
アクター、アクトレス

入る
enter
エンター

ハエ
fly
フラァイ

計る
measure
メジャー

吐く
vomiting, throw up
ヴォミッティング、スロウアップ

履く
wear
ウェアー

爆竹
firecracker
ファイヤークラッカー

吐き気
upset stomach
アプセッ　ストマック

博物館
museum
ミュージーアム

激しい雷雨
thunderstorm
サンダーストーム

バケツ
bucket
バケッ

箱
box
ボックス

運ぶ
carry
キャリー

橋
bridge
ブリッジ

箸
chopsticks
チョップスティック

はしか
measles
ミーゾース

はじめて
first time
ファースト　タイム

破傷風
tetanus
テタナス

走る
run
ラン

バス
bus
バス

はずかしい
ashamed
アシェームド

バスタブ
buthtub
バスタブ

パスポート
passport
パスポォート

パソコン
computer
コンピューター

バター
butter
バター

はたらく
work
ワーク

8月
August
オーガスト

蜂
bee
ビー

ハチミツ
honey
ハニー

発音
pronunciation
プロナンシエーション

バッグ
bag
バァグ

パッケージツアー
package tour
パッケージ　トゥアー

発行する
issue
イシュー

発行日
the date of issue
ザ　デイト　オブ　イシュー

発行控え
copy
コピー

発車する
depart
ディパーッ

発車時刻
departure time
ディパーチャー　タイム

鼻
nose
ノーズ

花
flower
フラワー

話す
speak, talk
スピーク、トーク

バナナ
banana
バナァナ

母
mother
マザー

パパイヤ
papaya
パパィヤ

ハブラシ
toothbrush
トゥースブラッシ

ハミガキ粉
toothpaste
トゥースペイスト

速い
fast
ファスッ

早い
early
アーリー

払う
pay
ペイ

払い戻す
refund
リーファンドゥ

ハリケーン
hurricane
ハリケーン

春
spring
スプリング

晴れ
sunny
サニー

ハロウィン
halloween
ハロウィーン

パン
bread
ブレーッ

パン屋
bakery
ベーカリー

パンクする
flat tire
フラッ　タイヤー

番号
number
ナンバー

犯罪
crime
クライム

ハンサム
good looking,
handsome
グッ　ルッキン、ハンサム

バンソウコウ
bandage
バンデイジ

反対側
opposite side
オポシッ　サイド

パンツ
briefs, boxers
ブリーフス、ボクサーズ

パンティー
panties, thong
パンティーズ、ソング

半年
half a year
ハーファ　イアー

ハンドバッグ
hand bag
ハン　バァグ

半日
half day
ハーフ　デー

犯人
criminal
クリミナル

ハンバーガー
hamburger
ハンバーガー

パンフレット
pamphlet, brochure
パンフレッ、ブロシュアー

半分
one half
ワン　ハーフ

ビール
beer
ビアー

東
east
イースッ

ビキニ
bikini
ビキーニー

ピクニック
picnic
ピクニック

ヒゲ
beard
ビアード

ヒゲそり
razor
レイザァ

飛行機
airplane
エァープレーン

膝
knee
ニー

ビザ
visa
ヴィサ

肘
elbow
エルボー

美術
art
アーッ

秘書
secretary
セックレタリー

非常口
emergency exit
エマージェンシー　エグジッ

左
left
レフッ

ひどい
cruel
クルール

一人で
alone
アローン

避妊
contraception
コントゥラセプション

避妊薬
birth control
バース　コントロール

日の出
sunrise
サンライズ

皮膚
skin
スキン

皮膚科
dermatology
ダーマトロジー

ひま
free, spare time
フリー、スペァー　タァイム

日焼け止め
sunscreen
サンスクリーン

ビュッフェ
buffet
バッフェ

費用
budget
バジェッ

病院
hospital, clinic
ホスピタァル、クリニック

美容院
beauty salon
ビューティー　サロォン

病気
sickness
シックネス

昼
noon
ヌーン

ビル
building
ビルディング

広い
broad, wide
ブロード、ワイドゥ

広場
plaza
プラザ

ビン
bottle
ボトー

ピンク
pink
ピンク

品質
quality
クォリティー

貧血
anemia
アニーミア

貧乏な
poor
ポァー

封筒
envelope
エンヴェロープ

プール
swimming pool
スウィミン　ポー

フェリー
ferry
フェリー

フォーク（食器）
fork
フォーク

フォーマル
formal
フォーマァル

部下
subordinate
サボーディネーッ

**不可能**
**impossible**
インポッシボー

**服**
**clothes**
クローズ

**腹痛**
**stomachache**
ストマッケーク

**不景気**
**recession**
レセッション

**ブタ肉**
**pork**
ポーク

**物価**
**price**
プライス

**二日酔い**
**hangover**
ハンゴーバー

**ブドウ**
**grape**
グレープ

**船**
**ship, boat**
シップ、ボーッ

**船着き場**
**harbor**
ハーバー

**船便**
**surface mail**
サーフィス　メール

**船酔い**
**seasickness**
シーシックネス

**冬**
**winter**
ウィンター

**フライト**
**flight**
フライト

**ブラウス**
**blouse**
ブラウス

**ブラシ**
**brush**
ブラッシ

**プラチナ**
**platinum**
プラッティナム

**フラッシュ禁止**
**no flash photography**
ノー　フラッシュ　フォトグラフィ

**ブランデー**
**brandy**
ブランディー

**古い**
**old**
オールド

**ブレーキ**
**brake**
ブレーク

**ブレーキを踏む**
**step on the brake**
ステッポン　ザ　ブレーク

**ブレスレット**
**bracelet**
ブレースレッ

**プレゼント**
**gift**
ギフッ

**風呂**
**bath**
バァス

**フロント**
**front desk**
フロンッ　デスク

**閉店している**
**closed**
クローズド

**下手**
**poor**
ポァー

**ベビーカー**
**stroller**
ストゥローラー

**ベビーベッド**
**crib**
クリッブ

**部屋**
**room**
ルーム

**ヘリコプター**
**helicopter**
ヘリコプター

**ペン**
**pen**
ペン

**勉強する**
**study**
スタディー

**変更する**
**change**
チェンジ

**弁護士**
**lawyer**
ライヤー

**弁償する**
**compensate**
コンペンセイト

**便秘**
**constipation**
コンスティペーション

**返品する**
**return**
リターン

**便利**
**convenient**
コンヴィーニエンッ

**貿易**
**trade**
トレイド

**方言**
**dialect**
ダイアレクッ

ぼうし
hat / cap
ハッ／キャップ

宝石
jewelry
ジュエリー

包帯
bandage
バンデージ

ほうれん草
spinach
スピニッチ

ボート
boat
ボーッ

ボーナス
bonus
ボーナス

ボールペン
ballpoint pen
バォー　ポインッ　ペン

保険
insurance
インシュランス

保険会社
insurance company
インシュランス　カンパニー

星
star
スター

欲しい
want
ワンッ

補償
compensation
コンペンセーション

保証する
guarantee
ギャランティー

保証金
deposit
ディポジッ

保証人
guarantor
ギャラントォー

保証書
certification
サーティフィケーション

ポスト
mail box
メイル　ボックス

帆立貝
scallop
スキャッロップ

ホッチキス
stapler
ステープラー

歩道
sidewalk
サイドゥウォーク

ほとんど全部
almost all
オールモスットール

哺乳瓶
milk bottle
ミルク　ボトー

骨
bone
ボーン

ほほえみ
smile
スマァイル

ボランティア
volunteer
ヴォランティアー

本屋
bookstore
ブック　ストァー

翻訳する
translate
トゥランスレートゥ

## ま行

前
before
ビフォー

前金
deposit
ディポジッ

前払い
advance payment
アドバンス　ペイメンッ

まがる
turn
ターン

マカロニサラダ
macaroni salad
マカローニー　サラッドゥ

マクドナルド
McDonald's
マクダァナルズ

まくら
pillow
ピロー

マグロ
tuna
トゥーナ

負ける
be defeated, lose
ビー　ディフィーテッド、ルーズ

まずい（食物）
tastes bad
テイスツ　バァッ

まずしい
no good
ノッ　グウーッ

まちがい
wrong,mistake
ゥロング、ミステイク

待つ
wait
ウェイッ

待合室
waiting room
ウェイティング　ルーム

待ち合わせ
meet
ミーッ

まっすぐ
go straight
ゴー　ストレイト

祭り
festival
フェスティバル

窓
window
ウィンドー

まにあう
make it
メーキッ

マニキュア
nail polish
ネイル　ポリッシュ

豆
beans
ビーンズ

まもなく
soon
スーン

まゆげ
eyebrow
アイブラウ

迷う
get lost
ゲッ　ロスッ

満員
full,no vacancy
フー、ノー　ベイカンシィー

マンガ
comic, manga
コミック、マンガ

マンゴー
mango
マンゴー

満足する
be satisfied
ビー　サティスファイドゥ

満タン
fill it up
フィリッ　アップ

まん中
in the middle
イン　ザ　ミドゥー

満腹
be full
ビー　フル

満潮
high tide
ハイ　タイド

見送る
see off
スィー　オフ

右
right
ライッ

未婚
unmarried
アンメリード

岬
cape
ケープ

みじかい
short
ショーッ

水
water
ウォーター

水色
light blue
ライッ　ブルー

水着
bathing suit
ベージング　スーッ

水玉
polka-dot
ポルカ　ドッ

湖
lake
レイク

店
store, shop
ストア、ショップ

味噌
miso paste
ミソ　ペースッ

道
road
ロード

みつける
find
ファインッ

見積り
estimate
エスティメーッ

緑色
green
グリーン

港
port
ポーッ

南
south
サウス

ミネラルウオーター
mineral water
ミナロー　ウォーター

身分証明書
ID
アイディー

見本
sample
サンポー

脈
pulse
パルス

みやげ
souvenir
スーヴェニアー

魅力的
**attractive**
アトゥラクティブ

見る
**see, look at**
スィー、ルッ　アッ

ミルク
**milk**
ミルク

民芸品
**folk craft**
フォーク　クラァフッ

蒸し暑い
**muggy**
マギー

ムシ刺され
**insect bite**
インセクッ　バイッ

ムシ歯
**cavity**
キャビティー

無職
**unemployed**
アンエンプロイド

むずかしい
**difficult**
ディフォコー

ムダづかい
**waste**
ウェイスッ

紫
**purple**
パーポー

無料
**free**
フリー

目
**eye**
アイ

目薬
**eyedrops**
アイドロップス

名刺
**business card**
ビジネス　カード

名所
**place of interest**
プレース　オブ　インターレスッ

迷惑
**trouble**
トゥラボー

メートル
**meter**
ミーター

メールアドレス
**e-mail address**
イーメール　アドレス

メガネ
**glasses**
グラスィーズ

めずらしい
**rare**
レァー

めでたい
**happy**
ハッピー

メニュー
**menu**
メニュー

めまいがする
**dizzy**
ディジー

綿
**cotton**
コットゥン

麺
**noodle**
ヌードース

免税
**duty-free**
デューティー　フリー

免税店
**duty-free shop**
デューティー　フリー　ショップ

面積
**area**
エリア

めんどくさい
**troublesome, humbug**
トゥラボーサム、ハムバッグ

申し込み
**application**
アプリケーション

盲腸炎
**appendicitis**
アペンディサイティス

毛布
**blanket**
ブランケッ

目的
**purpose**
パーポス

目的地
**destination**
デスティネーション

木曜日
**Thursday**
サーズデー

もち米
**sticky rice**
スティキー　ライス

持ち主
**owner**
オウナー

もらう
**get, receive**
ゲッ、レシーブ

門
**gate**
ゲイト

# や行

野球
**baseball**
ベースボー

約
**about**
アバウッ

焼く
**grill, roast**
グリル、ロースッ

約束
**promise**
プロミス

役に立つ
**useful**
ユスフォー

ヤケド
**burn**
バーン

野菜
**vegetable**
ベジタボー

優しい
**kind**
カアインド

安い
**cheap, inexpensive**
チープ、インエクスペンシブ

安売り
**sale**
セール

やすむ
**rest**
レスッ

やせた
**thin**
シン

屋台
**food stall**
フード　ストール

薬局
**pharmacy**
ファーマシー

山
**mountain**
マウンテン

ヤモリ
**gecko**
ゲッコー

やわらかい
**soft**
ソフッ

遊園地
**amusement park**
アミューズメンッ　パーク

有効期限
**term of validity**
タームォブ　ヴァリディティー

優勝
**victory**
ヴィクトリー

友情
**friendship**
フレンッシップ

夕食
**dinner**
ディナー

郵送する
**mail**
メール

郵便
**mail**
メール

郵便局
**post office**
ポォスト　オッフィス

郵便番号
**zipcode**
ジップコード

郵便料金
**postage**
ポーステージ

有名な
**famous**
フェーマス

有料
**charge**
チャージ

ゆかい
**funny**
ファニー

雪
**snow**
スノー

輸血
**transfusion**
トゥランスフュージョン

輸出
**export**
エクスポーッ

ゆっくり
**slowly**
スローリー

ゆでる
**boil**
ボイル

輸入
**import**
インポーッ

指
**finger**
フィンガー

指輪
**ring**
リング

夢
**dream**
ドゥリーム

良い
**good**
グッ

酔う
**get drunk**
ゲッ　ドゥランク

みり〜よう

**溶岩**
lava
ラヴァ

**用心する**
be careful
ビー　ケァーフォー

**横**
width
ウィッス

**予算**
budget
バジェッ

**ヨット**
yacht
ヤッ

**予定**
plan
プラァン

**予防**
prevention
プリヴェンション

**読む**
read
リード

**嫁**
bride
ブライド

**予約**
reserve
レザーブ

**予約金**
deposit
デポジッ

**夜**
night
ナイッ

**よろこぶ**
be pleased
ビー　プリーズド

**よわい**
weak
ウィーク

# ら行

**来月**
next month
ネクスッ　マンス

**ライター**
lighter
ライター

**来年**
next year
ネクスッ　イアー

**理解する**
understand
アンダースタンド

**離婚**
divorce
ディヴォース

**留学**
study abroad
スタディ　アブロード

**流行**
trend, fad
トゥレンッ、ファッドゥ

**両替**
foreign exchange
フォーリン　エクスチェンジ

**料金**
fee, fare
フィー、フェアー

**領事館**
consulate
コンソレーッ

**領収書**
receipt
レシーッ

**料理**
cooking
クッキン

**旅券番号**
passport number
パスポート　ナンバー

**旅行**
trip
トゥリップ

**旅行者**
tourist
トゥーリスト

**旅行代理店**
travel agent
トゥラボー　エージェンッ

**リンゴ**
apple
アッポー

**ルームサービス**
room service
ルーム　サービス

**ルームメイト**
room mate
ルーム　メーッ

**例**
example
エクザンプル

**冷蔵庫**
refrigerator
レフィジレーター

**レート**
rate
レーッ

**歴史**
history
ヒストリー

**レストラン**
restaurant
レストラァンッ

**列車**
train
トゥレイン

**レバー**
liver
リバー

**レンタカー**
rent-a-car
レンタカー

**レントゲン**
x-ray
エックス　レー

**連絡する**
contact
コンタクッ

**連絡先**
contact address
コンタク　アドレス

**老眼**
farsighted
ファーサイティド

**老人**
elderly
エルダーリー

**6月**
June
ジューン

**肋骨**
rib
リブ

# わ行

**ワイシャツ**
dress shirt
ドレス　シャーツ

**ワイン**
wine
ワィン

**若い**
young
ヤング

**沸かす**
boil
ボイル

**分かる**
understand
アンダースタンド

**分かりにくい**
hard to understand
ハードゥ　トゥー　アンダースタァン

**分ける**
divide
ディバイドゥ

**輪ゴム**
rubber band
ラバー　バンド

**忘れる**
forget
フォーゲッ

**渡す**
give
ギィブ

**笑う**
laugh
ラフ

**割引き**
discount
ディスキャウンッ

**割引き切符**
discount ticket
ディスキャウンッ ティケッ

**割る**
break
ブレイク

**割る（割り算）**
divide
ディバイドゥ

**悪い**
bad
バァッ

**湾**
bay, gulf
ベイ、ガルフ

**ワンピース**
dress
ドレス

## おかげさまで 450 万部突破！　大好評の

### 【旅の指さし会話帳】

|  |  |  |
|---|---|---|
| 1 | タイ［第三版］ | 1,400円 |
| 2 | インドネシア［第三版］ | 1,400円 |
| 3 | 香港［第三版］ | 1,400円 |
| 4 | 中国［第三版］ | 1,400円 |
| 5 | 韓国［第三版］ | 1,400円 |
| 6 | イタリア［第三版］ | 1,400円 |
| 7 | オーストラリア［第二版］ | 1,300円 |
| 8 | 台湾［第二版］ | 1,300円 |
| 9 | アメリカ［第二版］ | 1,300円 |
| 10 | イギリス［第二版］ | 1,300円 |
| 11 | ベトナム［第二版］ | 1,500円 |
| 12 | スペイン［第三版］ | 1,400円 |
| 13 | キューバ | 1,700円 |
| 14 | フィリピン［第二版］ | 1,400円 |
| 15 | マレーシア［第二版］ | 1,400円 |
| 16 | モンゴル | 1,700円 |
| 17 | フランス［第二版］ | 1,300円 |
| 18 | トルコ［第二版］ | 1,500円 |
| 19 | カンボジア［第二版］ | 1,800円 |
| 20 | ドイツ［第二版］ | 1,300円 |
| 21 | JAPAN【英語版】 | 1,500円 |
| 22 | インド | 1,500円 |
| 23 | ブラジル | 1,500円 |
| 24 | ギリシア | 1,500円 |
| 25 | ネパール | 1,800円 |
| 26 | ロシア | 1,700円 |
| 27 | JAPAN【韓国語版】 | 1,500円 |
| 28 | メキシコ | 1,600円 |
| 29 | オランダ | 1,600円 |
| 30 | スウェーデン | 1,800円 |
| 31 | デンマーク | 1,800円 |
| 32 | カナダ | 1,500円 |
| 33 | JAPAN【中国語（北京語）版】 | 1,500円 |
| 34 | ハワイ | 1,300円 |
| 35 | フィンランド | 1,800円 |
| 36 | チェコ | 1,800円 |
| 37 | 上海 | 1,400円 |
| 38 | シンガポール | 1,500円 |
| 39 | エジプト | 1,700円 |
| 40 | アルゼンチン | 1,700円 |
| 41 | アフガニスタン | 1,600円 |
| 42 | 北朝鮮 | 1,700円 |
| 43 | ニューヨーク | 1,400円 |
| 44 | ミャンマー | 1,800円 |
| 45 | 北京 | 1,400円 |
| 46 | イラク | 1,800円 |
| 47 | モロッコ | 1,800円 |
| 48 | オーストリア | 1,700円 |
| 49 | ハンガリー | 1,800円 |
| 50 | ルーマニア | 1,800円 |
| 51 | アイルランド | 1,800円 |
| 52 | ポルトガル | 1,700円 |
| 53 | ジャマイカ | 1,800円 |
| 54 | ニュージーランド | 1,500円 |
| 55 | モルディブ | 1,800円 |
| 56 | スリランカ | 1,800円 |
| 57 | ノルウェー | 1,800円 |
| 58 | ポーランド | 1,800円 |
| 59 | 西安 | 1,600円 |
| 60 | ケニア | 1,800円 |
| 61 | グアム | 1,300円 |
| 62 | ペルー | 1,700円 |
| 63 | 雲南 | 1,600円 |
| 64 | ラオス | 1,800円 |
| 65 | チベット | 1,800円 |
| 66 | ベルギー | 1,500円 |